21 世纪企业经营智慧丛书

QIZHENG YONGREN

奇正用人

下活人力资源这盘棋

主编⊙侯书生　余伯刚
本册主编⊙刘家珉

四川大学出版社

责任编辑:曾春宁
责任校对:彭　程
封面设计:刘建波
责任印制:王　炜

图书在版编目(CIP)数据

奇正用人：下活人力资源这盘棋 / 侯书生，余伯刚主编. —成都：四川大学出版社，2015.7（2025.6 重印）
ISBN 978-7-5614-8765-5

Ⅰ.①奇… Ⅱ.①侯… ②余… Ⅲ.①企业管理-人事管理 Ⅳ.①F272.92

中国版本图书馆 CIP 数据核字（2015）第 159658 号

书名　**奇正用人——下活人力资源这盘棋**

主　　编　侯书生　余伯刚
出　　版　四川大学出版社
地　　址　成都市一环路南一段 24 号 (610065)
发　　行　四川大学出版社
书　　号　ISBN 978-7-5614-8765-5
印　　刷　三河市天润建兴印务有限公司
成品尺寸　170 mm×240 mm
印　　张　16
字　　数　260 千字
版　　次　2016 年 1 月第 1 版
印　　次　2025 年 6 月第 3 次印刷
定　　价　40.00 元

◆读者邮购本书,请与本社发行科联系。
电话:(028)85408408/(028)85401670/
(028)85408023　邮政编码:610065
◆本社图书如有印装质量问题,请
寄回出版社调换。
◆网址:http://www.scup.cn

前言

企业似棋局，经营如博弈。只要在人力资源开发上下出一盘好棋，经营就会胜券在握，企业就会满盘皆活。奇正用人，就是下活企业人力资源这盘棋的精妙胜招。

当今时代，是以人力资源为竞争资本、以创新变革为管理灵魂的全新的发展时代，企业经营更加凸显以人为本、唯才是用的重要地位。善于用人因而便成为经营者必须具备的素质能力，成为企业发展唯此唯大的核心竞争力。总结成功的经营之道，可以得出这样的结论：事业有成，成于用人。要在21世纪实现企业的发展目标，必然要求企业经营者注重用人的科学，要精于人才的发掘，要长于人力资源开发的卓越经营。

奇正用人，就是根据人本管理的原则与方法，在管人、用人中不走寻常路，在留才、育才中敢于突破常规，从而激活人力资源的“核能”，释放出员工无穷的潜力，回归生命的价值，实现企业与员工的同步发展，共创繁荣。

《奇正用人——下活人力资源这盘棋》这本书，讲的是用人中的领导智慧，激励中的管理谋略，放权中的科学妙招，留人中的实用“兵法”。全书从下活人力资源这盘棋来通盘考虑，整体设计，集合了中外企业用人的实践案例与成功经验，总结了近年来国内企业人本管理的成败得失，阐释了奇正用人有效的种种操作方法和实用技巧。全书从善于用人、员工激励、利润分享、释放潜能、能职匹配、放权用人、员工培育、留住人才等多种角度，分析说明人力资源开发的奇正之法，推荐和介绍了企业人才培养、使用的成功之道，经典而实用，睿智而可行，可称之为现代企业管理的用人智慧宝典。

就每个企业如何下活人力资源这盘棋而言，重在观念上的突破与方法上的创新，重在以人为本，奇正结合，辩证管理。希望本书能为企业管理者提供有益的帮助。

编　者

2014 年 9 月

修订于北京

目 录

第七章　放权用人：充分发挥员工的才智

第九章 巧妙管理：应对各种“另类”员工

第十二章 金锁玉扣：留住人才

第十三章 借助他人：善于利用外部智慧

第一章

人力资源：新经济时代的第一资源

我们已经进入了新经济时代。这个时代以知识为主体，以高新技术产业为支柱，以人才为基石，以创新作为经济的灵魂。新经济发源于20世纪90年代的美国，现在向全球化发展。中国的新经济的发展也展现出勃勃生机。

在新经济时代，知识与智力的重要地位凸显，知识成了一种全新的生产要素，成为一种新的资本，并最终决定财富的分配。因此，与传统经济时代不同，在新经济时代，人的知识、智力、创新能力等人力资本正在取代土地、厂房、设备和资金等物质形态的资本，而成为经济发展中的主导资本。与此相应的，人才在推动新经济时代发展的作用越来越重要。

一、新经济时代：凸显人本管理

在新经济时代，生产力的内涵有了新的扩展、新的诠释。拥有丰富知识的人才已成为生产力家族的主力成员，并日益发展为新经济不可缺少的基础。

1. 从科学管理到人本管理

当代西方管理理论与管理学派的形成，经过了3个阶段。第一阶段，20世纪初，形成以泰罗等人为代表的古典管理理论。泰罗等人倡导的科学管理，以提高劳动生产率为目标，在操作规程、工作定额、差别工资制度、职能分工、管理原则等方面，进行了一系列探索，开创了科学管理的新时代。但古典管理理论对人的认识是有缺陷的：一是把人看成“经济人”，过分强调物质刺激；二是把人看成和机器一样的工具。第二个阶段，20世纪20～30年代，形成行为科学理论。行为科学侧重研究人的需求、行为的动机、人际关系和对人的激励等，主张通过多种方式激励人的积极性。第三阶段，第二次世界大战结束以后，出现以广泛运用数学方法和计算机为特征的管理科学理论。这一阶段，出现了许多新的管理技术，推进了管理手段的现代化、管理方法的现代化，提高了管理工作的精确化、科学化水平。但实践表明，**尽管现代管理技术是有效的，却不能代替管理思想的现代化和人员的现代化**。

人们曾经预想，新技术和现代管理方法的大量应用，人在经济活动中的作用将会下降。但竞争的现实使人们逐渐认识到，任何时候都不能忘记生产产品和提供服务的人以及使用产品和服务的人。在新的阶段，或者可以称之为管理思想发展的第四阶段，对人的认识有了升华。在这一阶段，提出了人是最重要的资源、最宝贵的财富，提出了个性需求和精神健康的理论，提出了更多依靠员工的自我指导、自我控制以及顺应人性的管理等一系列新观点、新思想，并在实践中积极推行以人为中心的管理，积累了丰富的经验。可以说，以人为本的管理，是新阶段的重要特征之一。

在当今时代，高新技术正以排山倒海之势，不断向社会、经济各个领域渗透，把人类生产水平提升到一个崭新的阶段，工作效率将几百倍、上千倍地迅猛提高（据前几年估算，美国拥有的计算机，相当于4000亿人的计算工作量，把人的工作效率提高了2000倍）。在这样的时代，就必须以人为中心进行管理。因为任何高新技术都是由人所创造、所使用并为人服务的，由此对人的知识、智慧、管理才能和创造力提出更高的要求。**当代和未来的科技竞争，实质上是人才竞争，知识和人才将大大升值，成为社会、经济发展的关键**。同时，随着人类文明程度的提高，人的地位、价值也必然不断提高。适应这一发展趋势，对人本管理也将提出越来越高的要求。

2. 人本管理的精髓

人本管理的精髓是什么？著名管理学家陈怡安教授是研究人的学问的权威，他阐明了许多关于“人学”的深邃而独到的见解。他把人本管理提炼为三句话，即：**点亮人性的光辉；回归生命的价值；共创繁荣和幸福**。这就是人本管理的精髓。

（1）点亮人性的光辉

人类文明发展史，就是人性化发展的过程，是人的本性不断升华的过程。

人有光辉的一面，也有懒散、消极、阴暗、丑恶的一面，问题在于如何诱导。点亮人性的光辉，是管理的重要使命，即激发人对真、善、美的追求。所谓真，就是要做一个真实的人、真诚的人、真正的人，既真实地对待自己，说真话、办真事、追求真理，也真诚地对待别人。陶行知先生有一句名言：“千教万教教人求真，千学万学学做真人。”所谓善，就是要有一颗善良之心、仁爱之心，不仅自尊自爱，而且爱别人，爱企业，爱国家，关心人，关心集体，关心大局。所谓美，即对美好的理想、愿望、事物和事业的追求。真、善、美的统一，是人的本性的最高境界，也是人的追求的最高层次。

（2）回归生命的价值

对于人生的价值，不同的人有不同的理解。追求金钱，追求官位，追求奢侈，追求淫欲，是一些人的愿望。然而，当挥霍、淫逸无度之后，这些人感受到的却是一片空虚。这绝不是有意义的人生。人生的真正价值在于以下几个方面：

回归生命的尊严——尊严被看作是人性重要的特征之一。没有一个人愿意被侮辱、被人看不起。每一个员工，都是具有独立人格的人，理应受到尊重。当一个人被尊重、被肯定时，都会产生一种自尊的意识，会尽最大努力去完成自己的那份职责。

合理的人生定位——社会上有许许多多的人，分别扮演着不同的角色，每个角色都是不可缺少的。清洁工和总理，只是分工不同，谁活得更有价值，在于他是否尽职尽责地去演好自己的角色。对于企业与员工的关系来说，首先，员工不是工具，是人，是应当受到尊重的人；其次，要精心设计每一个员工最能发挥其专长的岗位，使之能人尽其才，各得其所。

实现自身的价值——把自己融于工作与事业之中，干出一番成就。有这种追求的人，常常是视事业为生命、视工作为乐趣的“事业狂”。

积极奉献于社会——人不仅要追求个人目标，追求自身的生存和发展，而且更应积极回报社会，为社会、为别人奉献自己的力量。**生命的最高价值在于奉献，生命的最大快乐也在于奉献。**

(3) 共创繁荣和幸福

企业是人的集团，是由企业全体人员共同经营的。在一个企业里，如果每个员工都有“这是我们的公司”的意识；如果企业经营者把员工看作是同舟共济的“伙伴”，在企业共同体中，互相合作，使每个人都能充分展现自己的才能，汇集形成一种强大的合力，那么，这个企业必定是一个成功的企业，是一个共同创造繁荣和幸福的企业。

要成为把个人生命价值与企业价值融为一体的团队，首先取决于企业领导者本身的品格、才能和形象。勤奋、正直、真诚待人、受人尊敬的领导者就是一种动力，他可以使员工发自内心地心甘情愿去努力工作。其次，应通过各种方式，让员工了解公司的目标和发生的种种问题，使每一个员工和总经理一样，思考并寻求解决问题的途径，不仅为企业贡献劳动，而且贡献智慧，形成“千斤重担千人担，千人工厂千人管”的管理格局。再次，让员工与企业共生共长，让员工能够分享经营的成果，使企业真正成为命运共同体，在共同创造繁荣中共同获得幸福。

点亮人性的光辉，回归生命的价值，共创繁荣和幸福，三者是一个整体。只有三者的完整结合，才能比较全面地体现人本管理的目标和宗旨。

3. 人力资源开发：企业经营之核心

新经济的运作是一个知识转化为资本、知识资本转化为物质财富的全新过程。在这一过程中，人力资源特别是人才资源，既是知识的拥有者，又是资本的使用者。所以，**在新经济条件下，人力资源已成为资本和财富的不竭源泉**。因此，充分地开发利用人力资源，是当代企业发展的首选。

其实，在任何时代，人力资源都是第一位的。但在科技发展日新月异、信息技术已经深入到我们社会生活方方面面的今天，这种重要性就更加突出了，并被提到了前所未有的高度。人力资源开发正是基于此而形成了一门特殊、十分重要的学问或管理艺术。

所谓人力资源开发，简单地说，就是社会组织或企业组织通过人力资本投资、人力资源的科学配置与使用，以及采取有效的激励策略和教育培训等一系列环节，系统地开发和发挥人的能力，从而有效地实现社会、组织和个人的发展目标。

据未来学家预测，到 2025 年，全球大部分发达国家的“工业经济”将完全转化为“新经济”，知识在实践中的运用将创造巨大的价值。

人才作为知识资产的载体，在现代市场经济中向资本转化时，显得更为重要。人才是真正的无价之宝！

人才资本有别于其他资产的地方，在于自身的创新和超越的原动力。人才最基本、最主要的价值观念是不断向上，不断超越自我，在争取理想目标的追求中体现自己的价值。这是一种不断创新的发展精神，是知难而进、冒险而上的求索精神。其价值将会产生难以估价的经济效益，更重要的是产生了推动人类社会前进的巨大效益。对一个企业来讲，没有这种人力资源的开发，就不可能有企业的发展与完善。对一个国家、民族来说，包括人才群体效应在内的人力资源开发是国家与民族自立、自强的根本体现。

人才是创新知识的主体，人力资源开发是新经济时代的必然要求。有人预言：总有一天，知识便是货币。果真如此，那么在未来的发展中，拥有丰富知识的人才便能坐拥价值连城的财富。

人力资源开发是一种互动的过程，其结果是组织与个人同时得到发展。社会组织进行人力资源开发，为个人创造了发展的环境、条件，从而使个人的能力得到提高，而个人能力的提高又推动了组织效率的提高及其发展。

人力资源开发的核心是开发人的潜能。从企业发展的角度来说，人力资源开发必然要考虑企业的经济效益，即人力资本的投资要有回报；但从社会人类学的角度考虑，人力资源开发的最终目的是使人的能力适应社会发展的要求而不断地提高，最终使人才能够在科学合理的机制下得以全面的发展，人才的潜能得以最大限度的发挥、展现。

人力资源开发是一项系统工程，贯穿于人力资源开发过程的始终，其中预测规划、人力资本投资、教育培训、配置使用、考核评价、激励与维护等都是人力资源开发系统中不可或缺的环节。

21 世纪的今天，对知识如此推崇，对人才如此珍重，这在以往任何时代都未曾有过。知识和人才正是新经济的“心脏”和“大脑”。新经济就是知识经济，就是人才经济。所以，人力资源的开发，就是对未来的开发，就是对成功的开发。

二、人才在知识经济时代的价值

当今时代，人才是企业最大的竞争优势。用对了人，企业可以点石成金，化腐朽为神奇；而用错了人，企业则可能误入歧途，甚至顷刻间土崩瓦解。发现、挖掘优秀的人才并且正确地使用，企业就有了创造经营神话的强大资源。

1. 人才已成为企业的第一资源、第一资本

人才已成为企业绝对的珍宝。对于成功的企业来说，人才能使之长盛不衰，而对于一个创业中的企业来说，人才能使之不断壮大，走向成功。

所以，**21 世纪的经营理念是：人才是企业的第一资源、第一资本。**

从企业经营的规律中可以看出，在资本的转换与增殖过程中，人的作用始终是第一位的，人是联系有形资本与无形资本的纽带，是工业资本、金融资本与商业资本相互转化的动力。可以说，生产资料与货币如果仅仅只是表现为相对静止的物质形态，而不能以创造利润为目的，转换与增殖的运动过程就不能体现资本的特征。体现资本运动特征的根本因素是什么呢？是人的作用，是人类自身生存、延续和发展需求的消费与积累最终决定资本增值——不断扩大社会物质财富总量……因此，我们说，就资本在社会中所发挥的作用而言，人直接和最终决定资本的效能。从这个意义上讲，人本身就是资本重要的组成部分，而且是最积极、最主动、最活跃的组成部分。所以，从这个意义上说，富于创造性的人才，才是企业的第一资源、第一资本。

从“人才是企业的第一资源、第一资本”这一前提出发，任何企业，不管规模大小，其决策者必须转变观念，突破传统用人观念上的误区，纠正人才选拔与使用上的错误认识，把人才培养列入战略经营和长远投资计划，加大人才开发的力度。这样的企业，在新世纪的竞争中，才最有资本生存、发展。

实践证明：**任何一种组织，包括企业在内，若想提高管理效率、增加经济效益和社会效益，就必须选准人、用好人。**一般而言，哪个企业的人才数量多、质量高，而且安排得当、使用合理，这个企业的事业就蒸蒸日上，兴旺发达。所谓“用好一个人，救活一个厂”、“用好一个人，富了千万人”就是这个道理。这说明优秀人才具有点石成金、化腐朽为神奇的特殊本领。

总之，人才是企业最宝贵的资源，善于用人是企业经营者的成功之本。任何一家企业的管理者，理应高度重视用人问题。

2. 知识型人才是企业生存、发展的支柱

企业中具有一定专长、一定突出技能的专家，就是知识型人才。知识型人才和其他人才是绝对不一样的。知识型人才并不直接生产产品，他们所产出的是构思、资料、点子、观念和创意。正是这些人为企业设定目

标，创造新的技术，把握经济规律，制作新的"游戏规则"，开拓新的经济领域，建立新的利益基础。所以，**用好知识型人才，是任何机构，特别是现代企业成功的关键**。

现代企业经营理念认为，生产力的源泉已经从"物理空间"转向了"知识空间"。就是说，发展生产力，关键不是增加物质投入或资金投入，而是增加人的知识、增加技术投入。

因此，**现代企业的竞争，从根本上说是人才的竞争，即技术专家的竞争**。在现代商战中，人才竞争已发展到了白热化的程度。

在美国，培养一个专家需要4万美元，而引进一项专利或引进一个专家就等于节省4万美元。所以，对于专家，美国的老板完全采取买方的立场。在美国的118名诺贝尔奖获得者中，有32名是外国移民，还有11名是获奖后移居到美国的。美国之所以能吸引外国专家，是因为它实行了一系列优待专家的政策和措施，用高薪、奖金、专利、资助等办法，优待各种专业人才，特别鼓励他们大显身手。正是这种被吸引来美国的人才，为美国带来了巨大的物质财富和社会效益。

对于从事现代企业经营活动的企业家来说，下面的这一观念应牢固地扎根在自己的脑海中："在现代企业活动中，信息是资源，时间是金钱，简化是效率，人才是资本。"

对于现代企业来说，要在激烈的竞争中获胜，打好用人的战争是其他一切成功的基础。

要用好专家，就必须懂得专家的一些共性，了解他们的心理。这就要求每一个企业家应成为善于用人的专家，要求他能够有效地发挥专家的优势。因此，**对于企业来说，有效地使用专家，是用人之道这个核心的核心**。

3. 人才互补造就经营神话

在一个企业中，如果管理者不能与各类人才、管理专家进行密切配合，那么，这个企业的事业就不可能获得成功，即使能勉强维持，但也不可能发展、壮大。

下面一个例子是说明人才互补推动了事业走向成功。日本的这两家大公司向世人提供了管理者与技术专家紧密配合的范例。

日本的本田公司，是由本田宗一郎一手创建起来的。本田宗一郎出生于一个铁匠之家，从小酷爱机器，是一个天才技师。但是，本田公司的成功却离不开本田公司的经营天才藤泽武夫与具有天才技师特质的本田宗一郎的密切配合，正是他们俩天衣无缝的配合，“世界的本田”才得以建立起来。本田技术研究工业公司是二战后建立起来的“组合式经营”公司，即经营者与技术专家合作组建的公司。

藤泽是一个在经营方面很有天才的人物，但是他在公司的整个经营过程中，始终坚持他的“二号人物的哲学”，即他把天才技师特质的本田始终放在第一位，而自己则着力于管理和推销，在背后支持着本田，绝不抛头露面。本田技术研究工业公司也因此而被称为“本田的公司”。藤泽和本田的“珠联璧合”的配合经营，终于使他们把共同的事业推向了顶峰，任何单独的一方想要把事业推向极致，那简直是梦想。

把领先的技术和高超的营销技巧巧妙配合起来的另外一家日本公司就是索尼公司。但是，索尼公司的成功和本田公司的成功却有着有趣的差异。

索尼公司的技术天才井深在其一本书中这样写道：“建设自由豁达而又愉快理想的工厂，使潜心工作的技术人员，发挥最高的技能。”

由此可见，井深有着一个天才科学家那种理想主义的乐天派倾向。可是，**在现代企业经营中，光靠理想主义是不能发展的**。要使企业生存下去，必须懂得市场销售。在索尼公司，把井深的技术理想和成功的商业运营结合起来的，正是盛田昭夫。

索尼公司和本田公司一样，是二战结束后由技术天才井深和经营天才盛田昭夫创建的“组合式经营”公司。井深和盛田昭夫都是大学毕业生、懂技术的人才。但是，井深却是技术创造的天才，在技术方面有理想的追求。盛田昭夫大学毕业后，在大学当过讲师。但他出身于日本一家有几百年经营历史的商人之家，有着天才的经营头脑。井深把他的发明和设计拿出来与盛田合作，把所有的经营权都交给了盛田。

井深本人在索尼的事业已经相当发达的时候，曾这样描述他们当初合作的初衷：

“盛田这人非常爽快，既懂技术，人品又好。我只和他见了一两次，印象就很深刻。这个人，你只要和他稍微接触，就能够了解他的为人。”

“在研究录音机和晶体管收音机时，我始终有一种感觉，因为有盛田君作后盾，我才能独立做一些技术性的工作。我们从来没有一件一件地细谈，我们以心传心，一点就通。他有时也会坚持己见，但是我们几乎都能够按自己的意愿行事。”

“盛田君负责销售、财务、总务等工作，我负责制造和开发工作。我想这样的分工是自然形成的一种默契。当然，每一件重要的事情都要向他报告。由于商务方面都委托他负责，所以通常我只听听，不表示意见。”

井深热衷于电子技术和设计，为人清高，与世无争，但他不懂理财，也不懂营销，所以他就把所有的经营实权都交给了盛田。而盛田虽然也懂技术，但他在经营方面却是位大天才，所以他也就在这方面发挥自己的所长。

公司的产品刚刚成熟，盛田就把销售的未来目标放在了国外，特别是美国市场。“索尼”最初是公司生产的一种晶体管收音机的商标，由于这种品牌的收音机行销世界，公司也就改名为索尼公司了。

在公司内部，在生产和开发方面，井深坚持制造出一流的产品；对外，盛田则把公司的产品当钻石一样地销售，坚持一流的销售运作。这两者的密切配合，仿佛是公司的两翼，使索尼公司腾飞世界。

美国的科学管理之父泰罗说：“现在，我们已经进入了真正合作的新时代的门槛了。任何人可以不依赖于别人的帮助而独闯天下、取得成就的骑士时代正在迅速的消逝。”

现代企业，需要管理者和技术专家配合、互补，谁忽视这一点，谁就只有失败；谁重视这一点，谁就能成功。

有一则神话，说的是一个渔妇吞下了10粒神珠，生下了千里眼、顺风耳、大手、长脚等10个各有所长的儿子，这10个儿子齐心协力终于打败了残暴的国王。

这则神话说明，功能互补可以产生巨大的力量。

当然，管理者与专家的合作，并不仅仅是管理者一方的责任，专家也有责任使别人了解自己。也就是说，拥有知识的人才，负有使别人了解他们的责任。如果想当然地认为外行人自然能够了解他们，或外行人应自己设法去了解他们，或者认为专家只需要和同行中的少数专家沟通就够了……这些都是自大的想法。在企业中，管理人才具有这样的责任：使企业的人才最大限度地发挥才能。而知识型人才具有这样的义务：使自己的专长能最充分地为企业创造价值。这才是21世纪的企业用人观。

第二章

善于用人：给员工以施展才华的空间

企业要想发展，首先就要善于用人，给人才以施展才华、自由发展的空间；让其聪明才智得到充分释放，再加上丰厚的薪酬、优美的环境，就能使人才焕发出巨大的干劲，创造出最大的价值。

一、以信任激发员工的工作热忱

作为企业领导者，当你面对下属的时候，理应树立信赖他们的观念，以自己的诚心和人格魅力影响下属、打动下属，与下属产生心灵上的共鸣。

1. 信任能诱发他人全力以赴的工作热情

作为企业领导者要信任下属，放手让下属大胆地行动，发挥其主观能动性、创造能力。

一定要记住：关键在于信任。

一般说来，人在受到信赖的时候，都会产生快乐和满足的感觉，进而诱发出全力以赴的热情。

可以肯定地说，信而不疑的人如果具备了力量和睿智，那么他就很难产生“离心”的念头。他会被上司信赖自己的态度深深打动，会被上司的能力、成就深深吸引。

说到底，一个真正信赖别人的人，一定也会受到这些人诚心诚意的信赖。毕竟，人是有感情的动物，几乎每个人都有“投桃报李”、“以心换心”的想法。那种漠视他人、时刻想利用领导来要求别人信任自己的人，只是成千上万人中的极少数。

用人不疑是用人的一个重要原则。当然，这个“不疑”是建立在自己选择用人之前的判定、考核决策上。**不用则罢，既用之则信任之。**做领导的人只有充分信任部属，大胆放手让其工作，才能使下属产生强烈的责任感和自信心，从而焕发出积极性、主动性和创造性。所以，一旦决定某一方面的负责人后，对其信任即是一种有力的激励手段，作用是强大的。试想一下，使用别人，又怀疑他，对其不放心，是一种什么局面？试想一下，在你的公司里，如果下属得不到你起码的信任，其精神状态、工作干劲会怎样？假如你的公司职员情绪欠佳，精神沉郁，怨懑丛生，上下级关系怎么能融洽？这种彼此生疑生怨的状况，常是导致企业瘫痪的主要原因。

信任你的下属，实际上也是对下属的爱护和支持。古人云：木秀于林，风必摧之。特别是对于担当生产、销售、试验、拓展、探索者角色的下属而言，容易受人非议、蒙受流言蜚语的攻击，那些敢于直面领导错误提建议、意见的下属，那些工作勤勉努力犯了错误并努力改正的下属，领导者的信任是其最后的精神支柱，柱倒而屋倾。在此种状态下，领导者切不可轻易动摇对他们的信任。

企业领导者对下属的信任与下属感受到的责任感常常是一致的，但工作中误解常常会发生，因此，领导者对下属一定要坦诚。如果出现误解，有话要公开说，不要在背地里议论下属的短处，及时消除对下属的误解，以免积重难返。有了错误要指出来，是帮助而不是非难指责。相信你的下属不是傻子，好意歹意心中自明。总之，**与下属经常保持思想交流非常重要**。

说到信任，其实是彼此相处的人应该具有的要素。陌生的人在一起，彼此防范没有信任。而一旦互相认识以后，彼此渴望的就是信任。互相看不起的人很难有信任可言，嫌隙的存在是人与人关系恶化的起端。离自己越近的人，你应该给他越多的信任。对朋友，应该推心置腹。在一个企业里，副总经理、部门经理之于总经理，一般职员之于部门主管，可称为手足或臂膀，理应得到更大的信任。如果信任不够，会影响到他们的工作。在家庭生活中也是这样，夫妻两个人的关系应该说是再好不过了，但如果你不给对方最大限度的信任，夫妻间也会反目为仇。

企业领导者用人重在“信而不疑”。既然选准了就要信任，大胆使用。**企业领导者要有正确的用人态度，有清醒的用人意识，有坚定的用人信心**。要谨慎对待各方面的反映，不因少数人的流言蜚语而左右摇摆，不因下属的小节而止信生疑，更不宜捕风捉影、无端地怀疑。在信任的程度上，离自己最近的，应给他们以更大的信任，因为他们非常需要信任。一定要记住这一点。

2. 坚守“充分信赖下属”的原则

企业领导者对下属的充分信赖，理应贯穿于整个用人过程的始终。然而，“万丈高楼平地起”，牢不可破的信赖关系，并非一蹴而就，而是在天长日久的用人活动中，通过无数次用人行为，逐步积累形成的。对于绝大多数领导者来说，如何在每一次用人行为中，都能使下属感受到上级对他的完全信赖，从而全力投身于工作中去，仍是有待解决的棘手问题。因此，从这个意义上说，我们应将充分信赖原则，视为一条十分重要的用人原则。

充分信赖下属原则，就是指在用人行为中，领导者应“用人不疑、疑人不用”，对下属予以充分信赖，以此来激发下属的积极性和创造性，从而达到获取最大人才效益的目的。

在经营实践中，领导者经常要接触下属，经常不断地向下属布置种种工作。这既给领导者提供了熟悉、了解下属的理想场所，又给领导者提供了运用各种方式巧妙地向下属表示信赖的绝好机会。如何充分利用这些天赐良机，进一步密切上下属之间的关系，尽量提高自己的凝聚力和感召力，就成为值得每个领导者认真考虑的重要问题。

在用人行为中，充分信赖下属，通常包含以下含义：

①要建立上下属之间互相信赖、互相帮助的融洽关系，领导者不应该等待下属信赖自己之后，自己再去信赖下属，而应该首先采取实际行动，以诚相待，主动向下属表示信赖。只有这样，领导者和下属之间才能建立起牢固的信赖关系。这是一条验证了的用人真理。

②人生的艰难，竞争的激烈，往往迫使每个人涂上某种“保护色”，来掩饰自己的真实的内心世界。这种“保护色”，就是所谓的“人格面具”。而人的内心世界的复杂性，又往往使每个人都不可避免地具有性格上的两重性，甚至多重性。这在无形中使识别人才、使用人才增添了很多困难。当我们被现实生活中的一些人才现象所迷惑，因而笃信人才素质上的要素组合论时，有些“老练”的领导者，就愈益不敢轻信自己的下属了。有些企业领导者怀疑下属的豪言壮语，怀疑下属的积极行为，因而在心中筑起了一道无形的墙。充分信赖原则，正是要冲破这道无形的墙！它的宗旨就是：**在缺乏明显证据以前，领导者不应该无端怀疑下属。**他应该相信下属的能力，相信下属的热情，相信下属的诚意，相信下属的好心，相信下属的苦衷，相信下属的困难……也许，在无数次的相信之中，领导

者可能有一两次“受骗”；也许，在获取信赖的果实之前，领导者可能会付出一点点学费。然而，只要能和绝大多数下属编织起一张互相信赖的友谊之网，即使领导者为此付出一点代价，也是值得的。再说，有一整套行之有效的管理制度，个别行骗者又能得到什么呢！

③向下属表示信赖，是确保用人取得成功的“廉价”动力。当下属遇到困难，处在再坚持一下就能克服困难、获得成功的关键时刻；当下属因为工作中的失误受到指责、非议，处在进退维谷的困难时刻；当下属屡遭不幸，求援无望，处于悲愤和苦恼的痛苦时刻……此时，下属最害怕的，就是上级对他的信赖；最需要的，也是上级对他的信赖。倘若领导者果真能够及时向下属送去他最需要的东西——充分信赖，可想而知，这将对下属产生多么巨大的激励作用！

④信赖下属，当然不是盲目信赖，而是以平时对下属的认识和了解为基础的。信赖的基点，就是尊重知识，尊重人才。下属的德才素质、一贯表现、工作实绩、群众反映、发展潜力……都可以作为获取领导者的信赖的“参照系”。但是有一条禁忌：**不得以下属对自己的亲近程度作为是否信赖下属的依据**。谁要是贸然犯忌，谁就会自食其果，受到客观规律的惩罚，在用人实践中栽跟头。

⑤内涵丰富的用人原则，有时候也能用简洁的语言来表达。充分信赖下属，就意味着领导者在下属接受任务时，应该让他感觉到，自己好像在对他说：“我相信你能出色完成任务”；当工作进行中，下属突然遇到困难时，充分信赖下属，就好像在说：“放心大胆干吧，出了问题有我顶着”；当最后完成任务喜庆的时刻，领导者还应该加一句：“什么时候你再露一手？”

当然，上述思想，精明的领导者通常不会通过“语言”来表达，而是通过“行为”来显示。**因为“听”到的东西往往不如“感觉”到的东西来得深刻，能打动人心，至少在这种情况下是如此。**

⑥充分信赖下属，通常是通过上下属之间的感情传递和心理满足来实现的。要做到这一点，身处管理、支配他人的主导地位的领导者，就应该认真分析下属的心理活动，尽力满足下属的健康的心理要求。在正常情况下，绝大多数下属在接触上级时具有一些共同的心理特征，诸如：在研究

问题时尽力与上级“保持一致”的愿望；在工作中希望上级能看到自己的成绩；当工作中偶尔出现过失时宁愿自己悄悄地采取补救措施，也不想让上级知道；强烈追求上下属之间在人格上的完全平等，渴望得到上级的尊重和信赖；愿意“参与”上级的管理工作，使自己的美好设想能在上级的决策过程中有所体现；企求上级能“理解”自己的美好心愿和良好动机，支持自己的工作；在遇到挫折、失败时，希望做出决策的领导者能理所当然地替自己分担责任；在完成工作任务之余，希望上级的管辖、约束不要过紧，应给予自己适度的“自由”……对于下属这些共同的心理特征，领导者应在准确把握的基础上，不断改进工作方法，尽量使下属达到心理上的、感情上的满足。只有这样，上下属之间才能进行有益的感情交流，下属才能在心理上处于健康的状况，相信领导者对自己是信赖和尊重的。

应该记住：倘若下属积极的、健康的心理要求得不到完全满足或部分满足，从而使下属一次次处于十分失望的境地，那么，哪怕领导者再如何“真诚”地向下属表示“充分信赖”，下属对上级的疑虑也是很难消除的。

⑦最重要的一条：用人不疑，关键还在于“用”。信而不用，这种“信”就不是真信；用而不信，被用者心中难免存在疑虑，这种“用”也不可能“用”好。在经常地、普遍地信赖下属的基础上，领导者理应根据领导管理活动的需要，把有限的时间和精力用来信赖那些德才素质最佳的下属。这种信赖，一方面体现在不断将分量最重、难度最大的工作压在他们肩上；另一方面，也是最重要的，还在于能果断地将他们提拔到关键性的工作岗位上，让他们发挥更大的人才效能。

3. 运用多种方式表达对下属的信赖

鉴于充分信赖原则包含上述多层含义，因此，在具体运用时，领导者对下属表示信赖的方式也要灵活巧妙，多种多样。这些方式包括以下几种：

——在大庭广众、众目睽睽之下，有意制造隆重的气氛，将最困难、最光荣的重要工作交给某个下属，使他觉得这是上级对他的最大信任，“看得起他”。

——在下属发生某些工作失误，特意赶来向上级解释时，故意装作对此不感兴趣，打断他的汇报，并让他“好好休息”，甚至还“额外”给他一点不过分的安抚和照顾，暗示他继续大胆干，不要为此而背上思想包袱。

——在听到别人对下属的不公正非议时，当即旗帜鲜明地予以驳斥，并且一如既往使用下属。中国古时候，刘邦听到别人议论陈平有盗嫂、受贿之嫌以后，照样重用陈平。

——**不以一时的胜败论英雄**。在下属屡遭挫折、工作进展不大时，决不因此而抹杀他过去的功绩、怀疑他固有的才能、草率地中途换人，而是及时向下属提供必要的支持和帮助，消除他心中的阴影，尽快恢复他战胜困难的信心和勇气。

——对于从竞争对手阵营里来的能人贤士，经过考察了解，只要确实德才皆优，哪怕他过去和自己曾有过私仇，也应该不计前嫌，对其和自己的下属一视同仁，大胆委以重任。春秋时期，齐桓公不计一箭之仇，宽厚豁达地立管仲为相。

——在和下属一起研究工作时，只要条件允许，就应该先听听下属的意见和看法。当下属由于自己的看法和上级不一致，因而表现出含糊其辞或竭力“靠拢”领导者的观点时，作为上级，应及时鼓励下属坦率地说出不同意见。当下属在上级鼓励下大胆发表了不同意见，而这些意见确实比上级原来的想法高明时，领导者应当予以肯定；如果下属表述的意见毫无可取之处，领导者也不要生硬地完全否定，而应该首先肯定其在某些方面具有参考价值，然后再详尽地说出自己的看法。要知道，**在下属面前充分发扬民主作风，正体现了领导者对下属的最大信赖和尊重。**

——听下属汇报工作时，应根据具体情况，有选择地听听下属完成任务的经过。这样做，不仅可以全面、周详地考察下属的德才水平，而且还可以使下属希望“显示成绩”的心理得到某种满足，感到上级领导对他的信赖，从而更加情绪饱满地投入下一项工作中去。

——适时暗示或明白表示上级“知道”下属在某一阶段做了哪些工作，取得了哪些成绩，从而让下属感到上级领导对他是了解的、信赖的。

——虚心学习下属的长处，也是一种最好的信赖和尊重的表现。在时间允许的情况下，领导者应设法请下属谈谈自己的想法、建议和工作上的打算。通过虚心学习，使下属感到上级对他的信赖和尊重。

——有意“免检”下属从事的某项工作，甚至对下属在工作中偶尔出现的小过失佯作“不知”，只要本人知错改错，不再重犯，就不予细究。通过这种宽容的做法，来使下属切实感到领导者对他的充分信赖。

——在制定计划，以及执行、检查、总结等管理过程中，领导者应尽量吸收下属“参与”，让他们充分发表自己的意见。**通过最大限度地满足他们愿意“参与”的心理，来增强他们对领导者的信赖感。**

——有时间就找下属“随便聊聊”，在闲聊中，应有意识地表示理解下属的工作动机和所作所为。这种在日常接触中培养起来的信赖关系，往往比正式谈话中建立起来的感情更亲密、更自然，也更牢固。

——当下属确因某些客观原因而遇到挫折、失败时，领导者应敢于承担自己的责任，决不可不分青红皂白将责任全部推到下属身上，让下属当替罪羊。只有具有安全感的下属，才能真正感受到上级领导者对他的充分信赖。

——对下属不必统得过死，管得过严。应在抓好大事的前提下，适当放松一下“缰绳”，给予下属适度的自由，让他们根据自己的不同的兴趣、爱好、特长和追求，去奋力实现个人的“小目标”。有时候，**下属在“小目标”上取得的进展，不仅不会影响上级制定的“大目标”，反而有助于“大目标”的提前实现，从而对整个社会也就能多作一些贡献。**相信下属的自我约束能力，适度“松绑”，也是对下属的充分信赖。

……

灵活多样的信赖方式，体现了上级领导者对充分信赖原则的理解，体现了领导者的智慧、才干、胆识和水平，而且还融入了领导者自己的个性、风格。这些丰富多彩的可供选择的信赖方式，正是各级领导者用来密切上下属关系的绝好手段。如果说，失去上级信赖的下属绝不是一个好下属，那么，**疑虑重重、作茧自缚、不信赖下属的领导者，也决不是一个好的领导者。**

二、给员工提供发挥才干的机会

每个员工都有自己的特长优势，只要放在合适的位置就能发光出彩。企业管理者的职责，就是多给员工提供发挥才干的机会，多给员工在岗位上展露才干的自由，多从企业中慧眼识珠，发掘出更多的人才。

1. 尽量给员工留一些机会

工作期间，如果你要检验员工是否表里如一，最好是离开一会儿，让他们自行其是。很多下属都有这种体验，当管理者离开之后，他会轻松地嘘一口气，并感觉到自由。

很多人与上级领导相处时，总会感到紧张不安。他们总想让领导高兴却不知如何做才好。当上级离开时，他们反倒能自在地投入到工作之中，并能从中自娱自乐。没有领导者在场，他们也会自主做出决定。

因此，作为上级领导者，你可以离开员工一会儿，甚至一段时间，尽量给他们留一些机会。当你回来时，你会吃惊地发现员工在你不在的时候取得意想不到的好成绩。

离开员工和与员工在一起时一个样是检验领导者是否成功的好方式。如果你已经能够让员工按照你所信任的方式去做，如果你让他们真正承担起自己的责任，如果你能让他们自主行事，那么，当你不在的时候，所有的工作可以照样圆满地、成功地完成，和你在一起时一个样。

离开员工，就是给他们提供一个工作框架，不是什么都替他们想到。作为领导者，你只需为员工指引方向，而且这一方向不应在 3 个星期或 3 个月内改变，即使出现问题，你的员工也可以和你一样妥善处理。当然，如果是重大问题，那他们不可能自行其是，必须将你唤回。

当你不在时，员工们也许有些不大习惯，或许有些想念你。当你回到他们身边，他们会向你展示自己的业绩。因此你的回归，又变成了他们表现自己及证明你的权威的机会。

让员工拥有自己的头脑，其前提是你必须充分相信、认可他们，这样

才能激励起他们的工作热情，提高工作效率。

2. 让下属放心大胆地去做

很多管理者都会对上级领导者提出“权限的扩大”的要求。

但是，上级领导者通常会这样回答：“如果你能有责任感，我当然会给你更多的权限，而且我也很希望这样做。可惜的是，你能达到我的要求吗?”

上级领导者通常对下属有这样的印象：能力不够，常常会犯错误。

想到这，上级领导者就不敢轻易地将权力交出去。

有些领导者就因为判断错误，不信任下属，失去了减轻自己负担的机会。要想真正地实现企业中“权限的扩大和转移”，就必须有“这件事交给他做准没错”的气魄。

如果下属的创意、企划、提案很好却没被采用，那么对公司和自己而言，都是很可惜的事。领导者应给下属“展现绩效，赢得信赖”的机会。

因此，**一个领导者要真诚地对下属说：“你办事，我放心。”**正确地发挥下属的力量，能使工作顺利进行，从而减轻你的负担，让部属觉得领导信任他。

在事业方面，有的人可以轻而易举地获得成功，有的人虽然很卖力，甚至赢得旁人的同情，可是成绩并不见得理想，其原因之一就在于他不能巧妙地运用他人的力量。

个人的力量毕竟有限，就是花费许多时间，也不一定能把一件事做得十全十美。如果你想要发挥下属的力量，却连细节都要加以干涉，员工定会觉得烦恼，因而失去工作意愿，结果必然完不成企业经营目标。

一个人一旦被委以重任，必定会生出责任感，想运用自己的主意、方法去达成目标。身为一个领导者，只需要掌握大纲、提示基本方针即可，至于细节，则让员工放手去干。这样，个人的智慧得以自由发挥，而且还能感受到你对他的信任，从而同心协力地工作，成效定会更加显著。当然，如果领导者心中无数，只是一味依赖他人，这种做法也不正确。必须把握工作要点，把细节让下属去做，不必斤斤计较，这样将会获得很好的成效。

3. 让下属亲身去体验

对于企业领导者来说，培养出有才干的下属乃是所期望的事，也是身为管理者的职责所在。

然而，如果过于担心下属犯错误，于是事必躬亲；或是给予下属太多的限制，不让他们放手去做，那么，这势必将“浪费”许多具有才干的下属，可能失去许多获得良好构想的机会。

事实上，即使下属偶尔有错，只要过错并不严重，则不必太在意，毕竟犯错误乃是成长不可避免的过程——尤其对于新员工而言。

生活中一些东西具有危险性，比如烫手、割手的东西，若不让孩子们去接触，孩子必然无法体会到什么叫烫或痛，也就无法培养孩子的正确的判断力。更严重的是，若不让他们亲身去体验，将来只会使他们遭受到更大的伤害。

教导下属的方法与培养儿童的方法并无两样。所以，身为上司者应赋予下属更多的责任，并能原谅他们的过失，让他们亲身去尝试、去体验，则更能使下属尽早成熟。

可惜的是，一些职员往往只听从上司的指示办事，不肯自我发挥，真可说是典型的“无责任感主义者”。不过，**下属缺乏责任感，应归咎于上司的包办。**

4. 让下属直接面对问题

实习医师在初次操刀动手术时，技术还不熟练，有一些在一旁观看的资深医师，则常常会情不自禁地动起手来，担任主刀。不过，大多数情况下他们会按兵不动，完全交由实习医师去做。因为，此时一旦插手，实习医师便会失去提高自己技术的机会，也可能产生自己无法独立工作的心理。

就一般的新进人员而言，当他们碰到障碍时，往往会求助于资深的职员。固然，对工作有不明白之处应尽量请教前辈或上司。但是，许多新进人员却在工作的重要关头、将自己无法处理的问题，完全交由前辈去做。这种做法对自己的成长毫无帮助，而且是不负责任的态度。

要知道，**教导下属最有效的方法是让下属直接去面对问题。**

商场上的搏击与医师手术的过程并无差别，即只准成功不许失败。要摆脱进退两难的情况，为了培养下属的工作能力，即使你被认为是个冷漠的人，你仍应观察下属的工作，只要对方不会受到伤害，仍应将工作交由他们去处理。

若能在平时便采取这种方式教导下属，即使面临类似于“外科手术”般的重大事情，下属仍可不慌不忙地以自己的能力去处理。

5. 放手之后就不要再干涉

公司商量事情时，常常是上司把经理叫来，说一句：“其他的就由您和这位经理一起做决定”，然后就离开了。

通常上司只决定个大概，其他细节则交给经理处理，这是让经理发挥能力的机会，而且，他们对工作的细节也比上司更了解。

但是，当和经理决定后的事情已经开始进行时，上司又突然出面干涉。

结果，一切都要等上司裁决后才能运作。虽然口头上说要把权力交给下属，但事实上，决定权还是在他手上。

当然，经理必须要做到迅速报告工作，要避免发生判断错误，绝不可为所欲为。为避免经理在工作中有所疏忽，领导者也要做调查工作。

但常看到的则是，一些上司连工作细节也要干涉。

在这种上司手下做事的人，真的是很为难，对顾客也不好交代。

顾客会认为：“如果是这样，为什么开始不先说清楚呢？”虽然有些顾客会对经理寄予同情，但大多数顾客还是会认为：“今后什么事就直接跟他们上司谈，免得中途又有变卦。”

在外人面前，上司和下属的意见分歧，或下属遭上司责怪都是有失礼节的。在生意场合，会被对方看出漏洞。

所以，领导者事先要和经理做好沟通，不能只一句“都交给你”就撒手不管了。**一旦说出这句话，就要有绝不干涉的觉悟，否则会让下属失去工作热忱。**如果是和公司以外的人谈生意，将会牵涉到公司的信用，因此更要特别小心。

如果没有“委托”的自信，之后又想干涉的话，那么最好整件事从头到尾都由自己决定。“委托”并不是件坏事，当自己决定将任务交给别人运作时，即使真有不满意的地方，也不能轻易发表意见。

三、给员工创造良好的工作环境

优美、舒适的工作环境，愉悦、紧张的工作氛围，有助于振奋员工的精神，有助于增强员工对企业的认同感，有助于保证工作效率。**一个成功的企业领导者是会精心营造出良好的工作环境的。**

1. 环境惬意工作就舒心

有位服装厂的经理，他手下有近百名员工，可是生产效率老是上不去。后来，他请一名在美国学经济管理的大学生来帮自己做调查。这位大学生经过调查，提出了几点建议：一是将工厂黑乎乎的墙粉刷成明亮的米黄色墙；二是将工作间的桌椅调整到合适的高度，使人坐起来更加舒服；三是在室内的墙壁上挂上美丽的装饰画，将桌椅排列得更加整齐、合理；四是在工作时播放一些欢快轻松的乐曲……这些建议被采纳后，竟发生了奇迹般的变化，工人们的工作情绪明显好转，疲劳感大大降低，生产效率大为提高……

不难看出，这些建议的着眼点都在工作环境上。

事实的确如此，工作环境对人的情绪、工作热情等都会产生微妙的影响。

花园式工厂与紧张、愉快的气氛相得益彰，能使员工在舒心的环境中愉快地完成工作。

现在的人都比较注重自己的居住环境，尤其是对自己的居室，哪怕是小小的单元，装修实用和美观之外，平日里整洁干净，还有点豪华富丽的味道。

对居室之外的环境，对之的态度便因人而异了。相当一部分人对公寓的走道和楼梯毫不关心，不要说保持其整洁，不把留之无用、弃之可惜的破烂堆放在那儿就算是很不错的了。

对工作环境，用心注意的人则更少。这对一般人来说，只是不妥，而对领导来说，却是错误。

而在合资企业里，工作环境却较受重视。许多与外商合作的工厂，每个车间都窗户明净，原料、工具和私人物品不能随便堆放，各种机器每天都要做清洁工作，有的机器保养要求之高，甚至达到以白纱手套擦拭而不见污痕的地步。以致有的工人感叹地说："家里也没这么干净！"

保持整洁，是重视工作环境的一种体现；注意美化，则是重视工作环境的又一种体现。

有些企业曾经提出建立"花园式工厂"的口号，强调注意工作环境的绿化、美化，可惜后来流于形式，所谓"花园式工厂"成了耗资建几座亭子和几扇月亮门的代名词，实际上工作环境并未有大的改观。

以上所说，都是环境方面的"硬件"。环境方面的"软件"，则是指紧张而又愉悦的气氛。人们在这里工作，支付出体力和脑力劳动，但心情舒畅。

良好的工作环境有助于保证工作效率。比如，机器的洁净与否就可能和产品的质量直接发生关系，即使在行政办公室里，杂乱无章、堆积如山的文件，也肯定会影响工作效率。

良好的工作环境也有助于振奋工作人员的精神。不要说一个喜好清洁的人在肮脏的环境中工作会显得心神不宁，就是一般人走进清洁整齐的环境，也会精神为之一振。

良好的工作环境还有助于加深员工对企业的认同感。我们常说："以厂为家"，"爱厂如家"。谁愿意让自己的家肮脏不堪呢？谁会把一个肮脏的地方认作是自己的家呢？当我们走过宽敞平坦的厂道，穿过绿草如茵的小路，跨进窗明地净的车间，看着锃亮发光的机器时，才会骄傲地说："瞧，这就是我们的工厂！"

不重视工作环境的厂长会让工人在脏兮兮的木箱、桌凳上乱坐乱躺。精明的领导绝不会如此，他会治理环境，把乱七八糟的凳子、杂物搬走，避免工人随意坐躺而造成工作效率的降低；花钱修建漂亮、舒适的休息室，休息时完全放松，工作时全身心投入。

2. 环境良好会使员工干劲十足

工作环境与人的工作意志大有关系，绝不可轻视。这里谈谈工作环境中的设施。

许多企业的洗手间让人诟病。有人说："洗手间内脏乱不堪，一进到公司洗手间就只想往外冲，只想借用他处的。"也有人说："我一想到洗手间就不想去上班了。"对于洗手间的不满，女性远甚于男性。其实仔细想想，洗手间之所以污脏，都是企业内部人员自身所致，大家不遵守规矩所致。要保持洗手间的整洁，其方法之一就是写张通告，贴在洗手间内，提醒大家，卫生场所人人文明。

许多人抱怨工作场所不佳，诸如办公室内肮脏、照明度不够、通风设备不良等。某公司有一部门在一幢古老的建筑物内办公，结果该部门牢骚特别多，出勤率也极低；从业人员在此栋建设物内办公时，不知不觉中就会进入忧郁的状态。于是，主管责成有关人员装抽风机改良通风条件，墙壁重新油漆，地板重新改装，灯光设备重新换上新型灯具，一眼望去焕然一新，气氛完全不同，内部设施改变，工作人员的工作状态也大为改变。

就是如此，只要稍微改变一下办公室的环境，就会使人工作起来神采焕发，干劲十足。

人们喜欢在房间内悬挂一些字画、摆几盆盆景，点缀一下房间，使室内状况大为改观。休息室、更衣室、陈列室也同样不可忽视，尤其女性对于更衣室与休息室更为重视。曾有人说："休息室内设备不佳，无法获得充分的休息。"

现代的年轻人愈来愈注重现代化的办公设备了，公司有了冷暖气机、电梯等设备后，就会觉得在该处工作值得。

3. 努力美化办公室环境

有人做过这样一个实验：给大学讲师们放映几类教师办公室的幻灯片，然后询问他们的反应及对办公室的推测。教师办公室有三种不同类型：干净、中等干净（堆放整齐）及杂乱。杂乱无章的办公室主人被认为是最忙碌、最不善筹划，性格最外向的一类；窗明几净的办公室的主人被认为是最善筹划、最不忙碌的一类；最终的获胜者是文件、材料都堆放得整齐的办公室。这种办公室最受欢迎、最舒适，这里的主人被认为地位和成就最高。他们只比杂乱的办公室主人稍微闲一点，却比他们安排得井井有条得多。

办公室如果凌乱不堪，光线不足，也没有装饰画或者其他摆设，没有较好的通风条件、空调设备，资料杂物堆满了办公桌……在这样的环境里你怎么保持良好的心情？工作起来怎么会有热情？对周围的人哪来的兴致去好言相待？……

难怪现代化的办公环境里，办公室的装饰总是一流的。

首先，光线要充足，给人以明亮的感觉。这是起码的要求，但不要使人感到眩目或刺激强烈，睁不开眼。采用自然光时，应选择无挡窗的大玻璃窗，挂上纱帘，以备光线过强时遮光用。采用人工光源时，要注意做到有足够的照明度，保持稳定的照明，灯具热量要小，并且努力使其接近天然照明。

办公室的色彩，如墙壁、地板、门窗、桌椅和其他各种用品的色彩，不但影响室内的光线，而且对人的心理、生理也会产生微妙的影响。应以明亮、轻快的浅色调、亮色调、微偏于暖色调为主，如乳白色，米黄色等。据多种试验表明：明亮轻快的浅色调、亮色调、暖色调等，对人的生理、心理系统起到一定的暗示作用，使紧张的心情得以舒缓，烦躁的情绪得以平息，激发工作欲望，提高工作效率。

座位的排列应合理、整齐。像小学生上课那种排法，则太过于拘谨、死板。**事实证明，“开放式办公桌排列”（办公桌靠墙而立）更舒适和受欢迎**。这里的主人比采用“封闭式办公桌排列”（办公桌成为你和其他人中间的一条屏障）的主人看上去更平易近人、友爱、性格开朗，以及擅长待人接物。

办公室的墙壁不应该让它空着，应该选一两幅精致的装饰画挂起来。当然，装饰画应该与办公室的环境相适应，美人照或浪漫色彩太浓厚的画显然不合适。风景画应该是最佳选择，给人素雅、静谧的感觉。

绿色植物是受欢迎的。绿色是生命的象征，生命给人以活力，给人以希望，令人向往，使人奋发。在适当的角度，放一盆君子兰，或是一盆吊兰；在办公桌头，用精美的小瓷花盆种一株文竹，或在花瓶里不时地变换几枝鲜花……一点小小的点缀，透出些许活力与跳荡，既不会破坏办公场所的严肃性，又可避免呆板、单调。

盆景也是不错的装饰。布局精巧、别具匠心的盆景，既能给人带来美的享受，又能使人感到办公室的主人有着较高的艺术修养与审美追求。如果领导来检查工作，或是他人来联系业务，这些不起眼的小摆设能给别人挺不错的印象。

办公室应该保持安静，如果有条件，应用隔音壁板和地板革，门框上钉上皮垫，采取措施消除噪音。

办公室室内的温度一般应保持在20℃左右，相对湿度应保持在40%～60%之间比较适宜。室内的空气应注意保持清新，必要时，还可使用一些香料，在室内散发淡雅的幽香，这将有助于增添室内的和谐气氛。保持空气新鲜，常开窗户使空气流通是常用的方法。有条件的单位，可以在室内安装空调、负离子发生器。气温太高会使人情绪急躁；湿度太大，会让人觉得沉闷、乏困。

第三章

员工激励：点燃员工的心智之火

企业用人不能没有激励，没有激励员工就没有士气，整个企业就会变得平庸沉寂。激励是用人的艺术，作为一个企业的经营者，应当学会对下属进行激励，点燃员工的工作热情，使其焕发出更大的干劲，为企业创造出更大的价值。

一、激励：激发员工积极性的魔方

激励是指激发人正确的动机，产生积极性和创造性，消除人的不合理动机，减少不正确行为，防止不良后果的产生。激励是一门高超的领导艺术，在企业经营中，激励是激发员工工作积极性的魔方。

1. 激励是企业经营者的工作法宝

企业经营是一门艺术，而激励则是艺术中的艺术。激励是经营过程中尤其是人事管理中的重中之重。

在管理学中，从诱因和强化的观点来看，激励是指将外部适当的刺激转化为人的内部心理动力，从而增强或减弱人的意志和行为。

对于企业经营者来说，如果没有激励，员工则会得过且过，做一天和尚撞一天钟，尤其是在缺乏反面激励的情况下，员工不担心被辞退，不怕完不成工作和自己的名誉受损，也就不必努力工作。

人们工作的目的，一是生活的需要，即为了自己和家人的生活而努力工作；二是精神的需要，如在工作中发挥自己的聪明才干，与他人交往享受乐趣，让更多的人了解、认可和尊重自己等。如果目标无法达到，他们就会另选新的职业；反之，他们能够更快、更好地达到目的，他们就会在原来的岗位上继续工作。

激励能够提高企业员工工作的自觉性、主动性、创造性，提高工作的热情。企业员工努力工作的结果，自然是绩效的提高；由于绩效提高，企业的利润就会增加，反馈给组织成员劳动付出的回报也就增多，企业员工就会更加努力地工作。

由此可见，激励对一个组织内的管理具有至关重要的作用，没有激励的管理就是不完整的管理，也是失败的管理。

正是因为深刻认识到激励的巨大功效，所以，优秀的企业经营者在经营管理中无不将激励作为法宝。他们采用各种方法，从物质到精神，从关怀爱护企业员工到关心他们的家属，无处不在的激励成为调动员工积极性、创造工作高效率的魔方。

通过激励，企业经营者可以提高员工的工作热情，使他们的潜能得到最大限度的发挥。激励的手段多种多样，可以是物质的，也可以是精神的。对于员工做出的成绩，充分的肯定是有必要的，而安排任务之前的鼓舞也是不可或缺的。这样可以增强员工的信心，增强员工克服困难的勇气。要做到这一点，企业经营者必须了解自己的员工，摸清他们的脾气秉性，然后再采用合适的方法激励他们。

2. 激励能对企业经营管理产生强大的推动力

一位好的经营者，必然是一位善于激励员工的经营者。激励具有重要功能，能对企业经营管理产生积极的推动效应。

（1）激励能激发员工的工作热情，开发员工的潜能

美国哈佛大学教授威廉·詹姆士通过研究发现，在缺乏激励的环境中，人的潜力只能发挥出20%～30%；如果受到充分的激励，同样的人可以发挥出其潜力的80%～90%。这就是说，一个人平常的工作能力水平与激励后可以达到的工作能力水平之间存在着约60%的差距。由此可见，人的潜能巨大，充分激发人的工作热情、开掘人的潜能应是经营者工作的核心。美国著名职业经理人艾科卡就曾指出："一个经理人员能够激励他人，便是很大的成绩。要使一个单位有活力、有生气，激励就是一切。你也许可以干两个人的活，可你成不了两个人。你必须全力以赴，去激励另一个人，也让他去激励手下的人。"

（2）激励能有效提高员工的工作绩效

工作者的工作热情及其主动性与创造性的提高，所导致的结果自然是工作绩效的提高。这往往是符合激励主、客体双方愿望的。

一般认为，人的工作绩效是其能力和积极性的乘积，用公式表示就是：

$$绩效 = 能力 \times 积极性$$

这里有两个变量，一是能力，一是积极性，前者是能不能的问题、后者是为不为的问题。毫无疑问，人的能力在实现绩效方面具有至关重要的作用。

企业经营者工作的重心无疑是激发员工的工作积极性，解决干不干的问题，这也就是企业经营者在提高组织绩效方面能真正发挥作用的意义所在。

(3) 激励能形成良好的企业文化氛围

良好的企业文化是企业生存与发展的基础，而培养良好的企业文化，离不开正反两方面的激励。奖励员工优异的行为，必然同时强化了良好的行为意识。嘉禾茁壮成长起来了，杂草就没有了蔓延的空间。这对企业的成长与发展往往会带来意想不到的效果。因而我们也可以反过来讲，良好的企业文化氛围同样是具有激励意义的。如日本丰田公司将奖励员工提建议作为激励手段之一，无论这些建议是否被采纳，均受到奖励与尊重。这无疑是营造良好企业文化氛围的一种有效手段。结果，该公司的员工平均一年就提出上百万条建议，平均每人提三十余条。这些建议所带来的利润为近4亿日元，相当于该公司全部利润的18%。

3. 激励有利于提高员工的职业素质

激励不仅对领导者的领导工作产生积极的推动效应，而且还十分有利于提高员工的职业素质，这主要体现在以下几个方面。

(1) 激励员工更好地掌握知识、发展能力

掌握知识、发展能力是人全面发展的重要条件。激励在发展员工的知识和能力方面具有重要的作用。从掌握知识的角度来说，激励本身就是一种示范。通过对先进人物的表扬、奖励，通过对他们的先进技术、方法、经验的介绍和推广，员工可以从中学到不少知识和技能；而通过对不良思想行为的批评、惩罚，也即告诉员工哪些行为是组织所期望的。

通过激励，为员工能力的发展提供基本的前提。一般来说，知识是能力的构成要素，是形成能力的前提，能力由知识转化而来。激励有利于员工掌握知识，为员工的能力发展奠定基础。

激励可以产生这样的效果：它通过对员工思想行为的褒贬和信息的反

馈，引起员工对自己、他人和社会的思考，提高认识，发展观察、分析、辨别、评价等多方面的能力。

(2) 激励能为员工提供理想角色

理想角色体现了人们对理想人格的追求。一种理想的行为模式，是人们对一定的社会角色及其行为进行评价的理想标准。组织通过树立典型、学习先进的正面激励活动，为广大员工提供了组织所期望的理想角色，同时也提供了一个评判的标准。

(3) 激励可以规范员工的角色行为

一般而言，规范角色行为是法律、法规、纪律、规章、条例以及伦理道德的固有功能。当然，法律、规章、道德规范角色行为靠的是它们对角色行为所具有的评判功能。而这种评判的实质或导致的结果是对角色行为实施激励：对越轨的角色行为通过评判加以惩治，对模范的、理想的角色行为通过评判加以表彰。激励是促使社会主体按社会规范实施角色行为的重要环节。

二、善于运用各种激励方法

方法决定管理的成效。企业管理中选择正确的方法是有效激励的实现途径。在长期的管理实践中总结出的科学方法，往往是领导者对员工激励的捷径。一个优秀的企业领导者，往往是善于借用“他山之石”的“攻玉者”。

1. 高酬重奖，促进员工忘我工作

成功的企业支付的酬金在其所在产业部门中往往属于最高水平之列。这并非是由于经营上的成功而使它们有能力付高酬薪，而是因为它们认识到提供最高的报酬是吸引人才和驾驭人才的一种有效方法。有一项研究资料表明，员工受教育程度越高，对企业的忠诚之心越弱。大多数受过高等教育的人，都不是完全为了获得物质方面的成功而工作，因此，他们最不

可能从工作中得到满足。所以，支付高薪往往能有效地管理、统御他们。在这方面，英国的穆勒家具公司集团（MFI）这家专门经销廉价组合家具的企业做得是成功的。

MFI 公司除了支付高薪外，还把精力放在激励方面。MFI 公司里的所有员工，包括清洁工和推销员，都被纳入一项部门奖励计划。所以，能引起员工们强烈兴趣的，是每周星期一上午公布上一周的盈亏账目。从参与开始，每个员工能深刻认识到他们的收益是财富创造的必然结果；反过来，员工们增强了责任感，提高了生产率、利润率，从而增加了报酬，这就更进一步地推动了员工们的参与活动。由此形成良性循环，使企业领导者的管理、统御不再变得艰难。

MFI 公司除了采用与利润挂钩的奖励手段外，还采用了其他奖励手段。公司共有 24 个管理部门，每个部门根据服务、经营、销售等各方面的综合评比，评出其所属范围内得分最高的商店，然后加以奖励。公司在全国范围内评出百家最好的商店，其全体员工和他们的配偶可以免费享受一次难得的周末海外旅游。海外旅游为百家最好的商店的员工们提供了一种工作报酬以外的特殊奖励，同时也为最高管理层在一种非正式的、无拘无束的环境中与员工会面、交谈创造了新的机会。

采用了这些切合实际的奖励计划，MFI 公司从默默无闻的小公司发展成为在全国拥有 100 多家分店、世界上著名的公司之一，年营业额达 3 亿英镑之多。

奖励可分明奖及暗奖。我国企业大多实行明奖，大家评奖，当众评奖。

明奖的好处在于可树立榜样，激发大多数人的上进心。但它也有缺点，由于大家评奖，面子上过不去，于是最后轮流得奖，奖金也成了“大锅饭”。

同时，当众发奖容易产生嫉妒，为了平息嫉妒，得奖者就要按惯例请客，有时不但没有多得，反而倒贴，最后使奖金失去了吸引力。

外国企业大多实行暗奖，老板认为谁工作积极，就在工资袋里加钱或另给“红包”，然后发一张纸说明奖励的理由。

暗奖对其他人不会产生刺激，但可以对受奖人产生刺激。没有受奖的人也不会嫉妒，因为谁也不知道谁得了奖励，得了多少。

其实，有时候领导在每个人的工资袋里都加了同样多的钱，可是每个人都认为只有自己受到了特殊的奖励，结果下个月大家都很努力，争取再获奖金。

鉴于明奖和暗奖各有优劣，所以不宜偏执一方，应两者兼用，各取所长。

比较好的方法是大奖用明奖，小奖用暗奖，如年终奖金、发明建议奖等用明奖方式。因为这不易轮流得奖，而且发明建议有据可查，无法吃“大锅饭”。月奖、季奖等宜用暗奖，可以真正发挥刺激作用，调动起员工的工作积极性，增加企业、领导者的号召力。

奖赏还要注意适度。许多物质奖励，如额外休假、奖金、加薪、提升等，都会增加公司的开支负担。经费紧张的时候，可以采取另外一些奖励方法，如表扬、加重其责任、当着别人的面给予肯定、增进领导和下属的亲密感，等等，这些也是很有效的刺激。运用这些方法能使员工更加自觉、努力地工作。

加重其责任，不仅仅意味着给他更多的工作，还意味着给他更多的自决权，对后果负更多的责任，减少监督以示信任。这也是一种奖励，它给予下属以发展的机会和个人价值被承认的满足。**下属越值得信任，监督就越少。**

在许多企业中，领导对下属评价标准低，几乎每个人都获得过不同程度的奖励，优秀的工作人员则无法脱颖而出，被埋没在普通人之中。过多、过滥的奖励降低了应有的“含金量”，也失去了应有的意义。还有，表现出色的人如果没有获得一定的实际利益（如提升，调他到其更喜欢的岗位上等），奖励也同样毫无意义，下属的工作热情会消退。

作为领导者，必须清楚每个员工的工作好恶，给予不同的人以不同的评价和物质待遇。你可以要求下属们互相注意各自的表现，判断各自获得的评价是否公正。不公正的评价，不论是过高还是过低，都会打击下属的积极性，降低上司的信誉。

2. 精神激励：促使员工同心同德

人们在报纸杂志上见到，某些高级主管、演艺人员或者职业运动员不但获得高得惊人的薪资，而且享有优厚的福利待遇时，总不禁又羡又妒，自叹弗如。绝大多数人都做过高薪美梦，然而对95%以上的人而言，这个美梦永远也不会实现。

不过，**令人羡慕的高薪并不一定包括丰厚的“精神薪资”，而偏偏这种“精神薪资”对个人的工作及自信是极重要的鼓励**。一个员工或下属在公司的职位哪怕最低，如果做领导的想使他对目前及将来的工作环境产生好感，那么“精神薪资”便是不可或缺的要素。许多公司基于财力因素，或许无法给员工较高的薪资，但是“精神薪资”却能弥补物质上的不足，使这些公司能留住最杰出的部属，并能将工作管理得井然有序，使得公司安然生存，业务蒸蒸日上。

以下是一个简单的测验，它能检测出身为领导的人是否已给予部属合理的“精神薪资”。请看下面20个问题，然后按“经常”、“时常”、“有时”、“偶尔”、“很少”或“从不”来回答。

- 开会或者其他场合时，你是否会给予表现出色的员工书面或口头上的赞扬？所谓的赞扬并不是随便讲几句好听的话，而是给予员工应得的衷心赞美。这点你做到了吗？
- 对于表现出色的员工，你是否愿意让他们共享荣耀及成就？
- 你是否允许部属表达意见、提出报告，或将他们的名字列在报告或备忘录上？
- 你是否邀请部属出席重要会议，并激励他们在会上发言？
- 你是否积极激励、奖赏那些有心摆脱现状，以求上进，因而向你提出建议或批评的员工？
- 你是否激励员工提出个人的意见及构想，甚至激励他们提出和你完全相反的意见？
- 你会抽空和下属一道吃午餐或晚饭吗？
- 你会花时间和员工聊天，借此与他们建立良好关系，同时了解他们，如下班后有些什么活动、关心些什么、有什么嗜好、兴趣等？
- 你是否激励部属和你讨论他们的目标及理想？
- 你是否会和部属讨论受训及提升的机会？更重要的是，你是否会尽力给予他们这种机会，以满足他们的期望？

● 你是否会替部属创造选择任用、旅行、参与新工作目标及任务的机会？

● 你是否会将部属介绍给公司最高层的人员并给予部属向他人学习的机会？

● 你是否会给予部属竭尽所能、力争上游的机会？

● 当你做一项决定，派一项任务或者进行一项评鉴时，你会不会想："这么一来有没有影响到某些人？若有必要，我是否能减轻此举对某些人的打击，或者另外补偿他们？"

● 你是否要求自己及他人都和气、诚实、公开及公正？

● 你是否真正关心部属的感受及事业的抱负？

● 你是否激励部属向同一工作组织、社团或报纸杂志吸取工作方面的知识，以实现个人的理想？

● 你是否了解部属在工作或成绩以外的其他表现？

● 你是否激励部属自己设定挑战性的目标，并协助他们完成目标？

● 部属实现目标时，你是否会以加薪、赞美或表扬等方式予以激励？

现在来计算你的得分："经常"可得5分，"时常"4分，"有时"3分，"偶尔"2分，"很少"1分，"极少"或"从不"零分。

如果你得分在90或90以上，那就应继续保持这种状态；获此分数的领导显然给了了部属足够的"精神薪资"。得分80～89的领导还不错，不过仍应稍作改进。得分70～79的领导也还可以，却需要加些油。得分60～69的领导在给予"精神薪资"方面有待大幅度提高。得分50～59的领导要注意了，你部属极需精神激励。如果你的分数低于50，你的部属显然迫切需要"精神薪资"，你绝不能再漠视他们，应该赶快采取行动，改变你的管理方式；否则，你将不再能有效地管理他们。

精神激励下属的方法有很多，下面简要介绍几种常用的方法。

（1）支持激励

支持激励即是用支持员工工作的方法来激发他们努力工作的热情。一个优秀的企业经营者或管理者应善于把指示变为支持，以调动下属的积极性。"我指示你这样去做"和"我支持你这样去做"，这两句话产生的效果是不同的。一个高明的企业经营者或管理者之所以高明，并不在于他个人的主意如何高人一等，而在于他善于启发员工出主意、想办法，能集中员工的智慧，支持员工的创造性建议，把员工中蕴藏的潜力挖掘出来。**一个人的能力是否能得到充分的发挥，在于他是否能够独立思考，有所创造。**所以，企业经营者或管理者的工作，主要不是表现在对下属做指示、下命令，对下属的工作简单地表示肯定或否定，而是表现在向下属提出问题，提出要求，让下属开动“机器”，支持与鼓励下属提出建议，这更能激发下属的积极性与主动性。企业经营者或管理者在运用支持激励方法时，主要把握以下两点。

①尊重下属。美国最成功的62家公司的管理经验表明，要管好公司，就要善于运用全体人员的力量。这些公司认为最重要的信条是：“我们尊重每一个员工”，“视员工如伙伴，待之以礼，处之以尊重”。

②信任下属。放手让下属大胆工作，并创造一定条件使下属胜任工作；当工作遇到困难时，应主动支持下属，为下属排难解忧，增加下属的信心；当工作中一旦出现差错时，老板应勇于承担责任，不推诿或一味批评下属。

（2）关怀激励

关怀激励即关心员工，努力帮助他们解决困难，解除纷扰，使员工深刻感受到公司、集体的温暖，从而激发起高度的责任感和工作主动性。公司中有的员工之所以工作积极性不高，常常是因为个人碰到了不顺心之事。对此，老板就不应采取漠然的态度。掌握员工的情绪是关怀激励的前提条件，其途径是多方面的，行之有效的有以下几点：

- 察言观色。上班看脸色，吃饭看胃口，生产看劲头，开会听发言，平时听反映。
- 谈心家访。情绪低落时必谈，与人发生纠纷时必谈，受到批评必谈，遇到困难必谈，工作调动必谈，逢年过节必谈；生病住院必访，发生家庭纠纷必访，婚丧嫁娶必访，遇到天灾人祸必访。
- 倾听反映。深入到员工中去，从中了解情况。
- 民意测验。通过不记名的民意测验，了解情况，预测动态。

- 座谈讨论。召开多种座谈会，从员工的发言中了解情况。
- 数据分析。比如，从多项工作指标的完成数据来了解员工的情绪。
- 记录收集。检查多种记录，从中发现问题。

（3）进取心激励

进取心激励是指创造条件、机会，满足员工努力向上的进取心的一种激励。员工随着积极性的提高、工作竞争的开展、工作技术水平的不断创新，抱着强烈的进取心，要求不断地学习新的知识和技术。因此，老板就要努力创造条件，适时给予员工在职学习的机会，如自办中专、大学等。目前，日本的一些大型公司均自办大学，如松下电器工学院、丰田工业大学等。这种自办大学培养的人才，可弥补正规大学毕业生实际经验不足之弱点。进入20世纪80年代，日本许多公司对员工的培训已从原来一般的技术和专业训练，发展到综合技术训练，要求员工开发四方面的能力：提高劳动生产率的能力、提高产品质量的能力、开发新产品的能力和扩大市场销售的能力。现在，日本的许多大公司对员工的培训又提出了新的目标，即加强“国际化”的培训，要员工掌握外语和处理国际经济事务的能力。日本这些公司这样做，既满足了员工进取心的要求，又适应了公司发展的要求。

（4）集体荣誉激励

这是指有目的地运用授予集体荣誉的办法，培养员工的集体意识，激发他们认识到自己的行为与集体的关系，自觉为维护、争取共同事业的成就而努力工作。一般地说，**人们都有集体荣誉感、责任感，只要激励得法，就会收到良好的效果**。重视培养员工的集体荣誉感，这在日本一些颇有名气的公司就做得相当出色，松下电器公司有公司歌曲和价值规范，每天早晨8点，员工一起背诵价值规范，一起唱歌，颇像原始公社中盛行的“部落行为”。该公司的领导者认为：这样做可在公司内造就一种聚合力，将全公司几万员工融为一体。

根据一些企业的实践经验，这种集体荣誉感的养成，主要可从以下几方面努力。

①集体目标的确定要同集体成员的利益相统一，这样可使员工意识到

集体目标的实现，关系到个人的切身利益。

②各种管理和奖励制度，要有利于集体意识的形成。这样，可避免形成以班组、车间为单位的小集团分割，有利于整体意识的培养。

③在集体中造成一种友爱互助、互教的融洽气氛。员工之间相互依赖，有事共同商量，彼此以诚相待，争取相互之间的了解，这样有利于增进员工之间的团结，形成一个坚强的、充满生机的集体，发挥集体的力量。

④在条件具备的情况下，制作具有本单位特色的厂服，编写厂歌，定期举行本厂成立的纪念活动等，也有助于增强集体荣誉感。

3. 激将法激励，激发员工的工作热情

一个成功的领导人，能够满足员工的种种需求，善于用语言和行动激发下属完成任务的热情、信心、勇气和决心。这同样需要高度的技巧。中国有句俗话："请将不如激将"。这是指激将法，运用此法能激励员工的工作热情。

愚蠢的激将法，往往是用嘲讽、污蔑、轻浮的语言将对方激怒，拼死一搏。**一个优秀的领导人所用的激将法是聪明的激将法，即以下几种激将法。**

（1）巧妙的激将法

运用激将法要看对象，年轻人的特点是好胜，"激"就是选择这一特点，你越说他害怕，他就越勇敢。老年人的特点是自尊心强，此点一"激"就灵，你越说他不中用，他越不服老、越逞强。所以，当别人指责他放弃责任、隐退不出，嘲笑他不负责任、胆怯后退时，他的能量就激发出来了。

（2）对比激将法

对比激将法是指借用与第三者（一般来说是强者）的对比反差来激发人的自尊心、好胜心、进取心。

用对比法激人，选择对比的对象很重要。一般来说，最好选择被激对象比较熟悉的人，过去情况与他差不多，现在各方面条件与其差不多的

人。而且对比的反差越大，效果越好。

(3) 煽情激将法

煽情激将法是指用具体的、有感染力的描述，用富有煽动性的语言激起对象心中的热情。激励的内容可以是严酷的竞争现实，也可以是轻松的远景，不拘一格。

(4) 绝路激将法

身经百战的军人都懂得一个道理，人到了没有退路的时候，往往特别勇敢。中国历史上破釜沉舟、背水一战而获全胜的战例不胜枚举。如果企业领导人懂得这个道理，在濒临绝境的时候，激励员工背水一战，也可以大获成功。

俗话说“置之死地而后生”。所以，**一个企业领导人若想让一个濒临破产的企业“活”起来，就要想办法让员工们知道所在企业处于“绝地”的现状。**

(5) 身先士卒激将法

这种方法军事家、政治家可以用，企业领导人同样可以用。一家工厂的厂长发现必须加班生产一种产品，于是请领班找工人回来加班。领班面有难色，表示有很多困难。厂长没有再说什么，晚上亲自跑到工厂加班。领班听到后，立即找了几个工人将厂长换下来。从此之后，碰到加班的时候，这位领班再也没有讲价钱。战场上领军主帅是不宜亲身出战的。主帅出战则意味着部将无能或失职，这个行动本身就是“激将法”。

激将法有智愚、高下之分，领导者掌握好其分寸，灵活发挥、机智应用，可以让你在需要员工发挥出他们最大的力量时，派上绝妙的用场。

4. 满足下属内心的期望

作为一个领导者要想让下属心服，就必须努力满足下属内心的期望。

以前，曾上映一部以东京动物园黑猩猩为主角的电影。影片中，黑猩猩中的“老大”欲以自己独特的方法，展现统率伙伴的手腕，但却未能奏效；直到后来它体会到群体之中的一些生活细节，才突破僵局成为“老大”。

- 早上见面一定要打招呼；
- 表示友好的身体接触；
- 尊重先来先得到的顺序（先拿到食物者有先享用的权利）；
- 依情况进行分配；
- 如有争斗由老大裁决；
- 遇有外敌老大率先出战；
- 休息时弱者优先；
- 老大必须善待弱者。

这些细节都是维系黑猩猩群体和平、安全、繁荣的必要条件，为“老大”者必须要明白这些道理，率先遵守，并让伙伴们遵守——这就是“老大”的任务。也就是说，“老大”是以配合伙伴期望的方式来掌握伙伴。由此可知，**身为“老大”或领导者，最重要的任务是满足下属的期望。**

如果领导者自己都不遵守这些细节，下属就会跟着不遵守。领导者一旦不能满足下属的期望，很快就会寸步难行。

三、转动激励这一魔方的艺术

激励是一把双刃剑，用之得当可凝聚人心，振奋斗志，产生强大的力量；用之失当，则起不到应有的作用，甚至可能涣散人心。企业管理者只有掌握正确的激励技巧，才能有效转动激励这一魔方，为企业发展激发出神奇的力量。

1. 灵活地运用好各种激励方法

激励的方法不能是呆板的、一成不变的，应当根据不同情况灵活实施，体现一个变字。

首先，应该根据需要而变。马斯洛的需要层级理论认为，人有五种不同层级的需要，依次为生理需求、安全需求、所属与相爱需求、尊重需求以及自我实现需求。当较低层级的需求获得相当满足，次一层级的需求便会主宰这个人的行为。

这五个层级，事实上没有哪一种需求可能完全得到满足。但是，某一层级得到相当程度的满足之后，这一种需求便不再具有激励作用。激励时必须了解被激励者的真实状况，才能够判断出他有什么需求。如果有适当的中介人选，不妨透过中介与被激励者沟通，然后依据他的需要，给予合理的激励。

激励可根据不同的需要，采取自助餐式的方法，让不同的被激励者，满足其不同的需要；激励者要了解不同的对象，施以不同的激励。

组织中不同阶层的成员，有不同的需求。一般而言，高阶层的成员比较希望大家尊重他，让别人觉得自己的确很高明。所以，有不同意见，最好不要当面顶撞他，否则他就会恼羞成怒。但是也不能不告诉他，不然他也会怀疑有人要看他的笑话。可以单独委婉地规劝，使其认为自己在改变。

中间阶层的成员要告诉他目标，让他自己去努力，把细节想出来，他才会舒畅。如果给他问题，同时很快又给他答案，他就会失望，认为自己的能力受到低估。若是他想不出答案来，可以给他一些启示，让他觉得自己找到答案。

一般员工要清楚地告诉他应该怎么做、做到什么程度才好，最好有工作规范让他按照规范去完成。工作成果符合标准要表示赞许，使其更加努力。

时间不同，激励的方式也有差异。平常时期按照一般激励，不必采取非常手段。除非发现原来的方法已经失效，必须摆脱老一套做法，才能采用新的方式，不可想到就变。

工作繁忙时大家难免火气较旺，耐力较差，这时要特别加以宽容，不必计较细节，忙而不烦。

工作攻关时，大家情绪不安，主管应该设法给予安慰，尽量缓解大家的情绪，千万不可以火上添油，制造紧张气氛。

单独交流，不容易导致面子上的难堪，可以循循善诱。主管若规劝部属、晓以利害，最好单独进行。

对上司忠言劝谏，如果欣然接受，就部属而言，也是很大的激励。不过最好选择比较隐蔽的场合，不让第三者看见；若是不熟悉的生疏环境，更要留意隔墙有耳，以免流传出去对己不利。

公开场合应该互相尊重，大家都有面子。要重视职别、性别或关系亲疏，表现不同的态度。

熟悉的公开场合，要引导较为陌生的同仁，使其觉得亲切。如果是私密场合，如同事的家，就应该主客分明。因为来者是客，不论其为上司或部属，都要给予合适的招呼。

激励必有反应，成效如何乃是继续或调整的关键。反应热烈的时候，要不知不觉中把大家诱导到目标方向上，使众人的力量得以汇集。过分热烈需要稍加冷却，保持合适的程度，切勿过度使用激励。

反应平平，要检讨原因，找出症结所在，给予适当调整。反应冷淡，同样要找出原因，然后对症下药，予以化解。务使激励所产生的反应符合预期的要求。若是反应欠佳，那就应该修正激励的方式，从场合、身份、时机、情势等方面来考虑，采取合适的方法。

如果反应恶劣，要马上停止，不能一意孤行，非坚持到底不可。透过适当途径，征询有关人员的意见，待其情绪稍为平静，再做处置。

形势的优劣，会影响激励的功效。要激励居于劣势的员工，要尊重他，表示好好工作便不会辜负他，甚至可以用先柔后刚的方式，让他觉得敬酒不吃吃罚酒，他也会提起精神，努力振作一番。对居于优势的员工，必须尽量采取低姿态，使他觉得备受礼遇，甚至还要给予一些额外的好处，他才会尽心尽力。

对居于中间位置的员工，最好的方法，是尊重他，给他戴上“高帽子”，他会觉得自己好像真的高人一等，因而全身心投入工作。要特别注意“能发也要能收”，如果控制不住，最好不要过度激励，以免一发而不可收，反而造成对己不好的效果，适得其反。

2. 运用激励艺术需要讲究分寸

激励是一种兴奋剂。既是兴奋剂，就必然带来一些副作用，就不能当糖吃。那么，在进行激励的时候，哪些是“服药须知”呢？

（1）激励不可任意开创先例

激励固然不可墨守成规，但应该权衡利弊。然而，激励最怕任意开创先例，所谓善门难开，恐怕以后大家跟进，招致无以为继，那就悔不当初了。

主管为了表示自己有魄力，未经深思熟虑，就慨然应允。话说出口，又碍于情面，认为不便失信于人，因此明知不对，也会将错就错，从而铸成更大的错误。

有魄力并非信口胡说，有魄力是指既然决定，就要坚持到底。所以，决定之前，必须慎思明辨，才不会弄得自己下不了台。主管喜欢随意允诺，部属就会设计一些圈套，让主管不知不觉而中计。兴奋中满口答应，事后悔恨不已。

任何人都不可以任意开创先例，这是培养制度化观念、确立守法精神的第一步。求新求变，应该遵守程序。

（2）*激励不可采用运动方式*

许多人喜欢用运动的方式来激励，形成一阵风，吹过就算了。一番热闹光景，转瞬成空。不论什么礼貌运动、清洁运动、以厂为家运动、意见建议运动、品质改善运动等等，都是形式。而形式化的东西，对中国人来说，是没有实效的。

唯有注重实质，在平常状态中去激励，使大家养成习惯，才能蔚为风气，保持下去。凡是运动，多半有人倡导。此人密切注意，大家不得不热烈响应，此人注意力转移，运动就将停息。运动不可能持久，这一条屡试不爽。

运动的形成，不是自己要显示实力、有本领掀起运动，便是存心求速成，似乎一运动就有成果。这两种心理都不正常。少数人为了讨好上司，制造气氛，大家不敢不跟着走，内心则十分反感。

（3）*激励不可趁机大张旗鼓*

老板好不容易拿出一些钱来激励员工，就要弄得热热闹闹，让大家全都知道花钱有代价，这种张扬的心理，常常造成激励的反效果。

被大张旗鼓激励的对象，会有扮演猴子让人耍的感觉。看耍猴子的观众，有高兴凑热闹的，也有不高兴、心怀不满的。一部分人被激励了，另一部分人则适得其反，对整个组织而言，得失参半。

劳动节奖励优秀员工，等于在宣布除了这些优秀员工以外，都不是优秀的员工。这边热热闹闹，外面的人并不加以理会。大张旗鼓，如果不能引起大众的关心，效果相当有限。万一惹得大家厌烦，否定大张旗鼓的对象，认为是一种“表演”，那这种激励就完全失效了。

(4) 激励不可显得偷偷摸摸

激励不可大张旗鼓，惹得不相关的人反感，但也不可偷偷摸摸，让第三者怀疑是否有见不得人的勾当。

主管把部属请进去，关起门来密谈一小时，对这位部属大加激励，门外的其他部属看在眼里，纳闷在心里：有什么大不了的事，需要如此神秘？因而流言四起，有何好处！

许多人在一起，主管偏要用家乡话和某一部属对谈；或者和某一部属交头接耳，好像有天大的秘密似的。其他的人看他们如此偷偷摸摸，会不会产生反感？

不公开可以，守秘密也可以，就是不必偷偷摸摸，令人起疑。**暗中的激励，并无不妥，但是神秘兮兮，只有负效果，应尽量避免。**

(5) 激励不可偏离团体目标

凡是偏离团体目标的行为，不可给予激励，以免这种离心力涣散人心。主管激励部属必须促使部属自我调适，把自己的心愿朝向团体目标，做好应做的工作。

主管若是激励偏离团体目标的行为，大家就会认定主管喜欢为所欲为，因而用心揣摩主管的心意，全力讨好，以便获得好处。一旦形成风气，便是小人得意的局面，对整体目标的达成必定有影响。

目标是激励的标准，这样才有公正可言。所有激励都不应偏离团体目标，至少证明主管并无私心，不是由于个人的喜爱而给予激励，尽量做到人尽其才。偏离团体目标的行为，不但不予激励，反而应该促其改变，亦即努力导向团体目标，以期群策群力，实现团体目标。

3. 避免导致激励失败的9种行为

下面9种行为会使激励完全失败，领导者要极力避免。

- 基层员工完成了任务，却奖赏他们的上司和同僚。
- 期望员工样样都行，十全十美。
- 强调过程，不重视结果，认为员工怎么工作，比为什么工作重要。
- 完全不鼓励有创意的思考，公开表示只有高阶层经理才有好观念。
- 当事情进行顺利时，却横生枝节，另出点子。
- 好管琐事，如购买文具、复印文件等，忽略公司业务及如何挖掘员工的潜能。
- 组织形式复杂，管理人员人浮于事。
- 强调计划、组织等的配合会形成绩效，忽略了人的重要性。
- 喜欢多雇用员工，认为庞大的组织就是好组织。

第四章

利润分享：激励员工同舟共济

企业如同搭载所有成员的梦想之舟，要想在市场的海洋中乘风破浪稳步向前，直达成功彼岸，就需要企业领导者和每个员工同舟共济，齐心协力。在下活企业人力资源这盘棋中，利润分享就是激励员工同舟共济最重要的棋子。让企业与员工在分享中双赢，是对同乘企业之舟、为企业作贡献的员工的应有回报。实践证明，利润分享是成功企业普遍适用的管理法则。

一、利润分享制：经营者与员工双赢

传统的观念认为，企业经营者与员工的关系是水火难容的两极，由此而产生的结果则是企业难以提高效益，而员工的薪水更低。利润分享则是转变这种观念的最佳途径，在共同获利的基础上达到老板与员工利益的一致，是老板与员工思想融通的桥梁，是双赢理念的又一体现。

1. 双赢理念下的利润分享制

现代市场经济是一种利润分享的经济形式。分享制就是经济主体通过一定的分配形式而享有一部分利润的制度。在社会化大生产中，这种制度不仅是企业与企业之间协同发展的基础，而且在企业的内部，它也是协调企业经营者与员工的一种最佳的分配方式，在企业运营过程中各获其利，都能得到意料之中的实惠。这种双赢理念之下的经营者与员工的关系是适应现代经济与人性和谐发展要求而形成的。

利润分享制是对企业税后利润的一种内部再分配，是对工资和奖金的一种补充形式，它的建立是有一定的理论和实践依据的。

在现代企业中，企业是独立的商品生产者，企业在一个年度中所获得的利润，是各种投入资本形式的回报，包括物质资本、技术资本和人力资本等。员工的收入不仅取决于个人的工作目标的完成结果，还取决于企业总的经济效益，即集体劳动的成果。员工作为人力资本的主要投资者，有权以分红的形式分享企业利润。

在企业中，工资一般是按短期形式支付的，如月工资、日工资等，难以反映全年的企业经营成果；分红制采取年终结算的形式。企业与雇员之间的再分配，有助于补充其他分配形式的不足，协调企业与员工之间的分配关系。利润分享是一次性支付的奖励，它不会进入到雇员的基本工资中去，因而不会增加企业的固定工资成本。在实际运用中，利润分享在成熟型企业中显得更为有效。

现代企业运营中，利润分享制不仅适应经营者和员工的利益要求，也符合企业运行的基本规律，从而使企业内部的各要素协调适当。企业达到良性运行的目的，也为它的长久发展奠定了良好的基础。

2. 利润分享制的多种形式

双赢的目的是互惠互利，这种互利不仅仅表现在金钱上，而且表现在其他方面。**在企业中，经营者与员工的利润分享制要求适当分配利润，享受利润基础上的种种权利**。利润分享制的表现形式有下几种。

（1）利润共享制

1984 年，美国麻省理工学院经济学教授马丁·L·魏茨曼出版了《共享经济》一书，提出了共享经济新理论。

魏茨曼建议实行共享经济制度，使工人的劳动收入由固定的基本工资和利润共享部分组成，这样对企业来说，只要增加的收益大于劳动边际成本，它们就对劳动力有需求，就会继续招聘员工。当总需求受到冲击时，企业可以通过调整利润共享数额或比例来降低价格，扩大产量和就业。在魏茨曼看来，共享经济具有兼顾保证充分就业和抑制通货膨胀的双重作用。共享经济论提出后，引起西方国家政界和经济学界的广泛注意。1986 年，英国首先实行了共享经济制——以利润共享制取代固定工资制，具体内容是：工商企业的雇主不再把雇员的原固定工资全部支付给雇员，而是将其中的 2/3 确定为固定工资，余下的 1/3 则同该企业的利润挂起钩来，由企业利润的多少来确定。

（2）员工持股

员工股份制出现以后，美国政府很快就给予了大力支持，并为此制定了专门的法律来加以鼓励和推广，促进了员工持股的发展，使得一些资本家主动把企业转换为员工股份制企业。

股份制是美国经济的重要组成部分，但是，美国在发展股份公司时不墨守成规、因循守旧，而是富有创造性和进取性，员工持股就是美国人对股份公司的再发明，员工持股的股份公司的出现，具有深刻的背景。

员工持股，其形式多种多样，其中一种就是本单位的全体员工买下本公司的全部股票，拥有单位全体股权，共同成为企业的所有者来参与企业的经营、管理和利润分配，从它的基本特征来看，它带有典型的合作经济之性质，因而有人将它称为“资本主义集体所有制”。

路易斯·凯尔索受《共产党宣言》的启发，在20世纪初提出的“小额股票”、“大众持股”的基础上，提出了所谓“二元经济学”理论，其基本思想是：**人们可以通过付出劳动和付出资本两个方面来获得收入**。这是人的两种基本权利。但是，原有的旧制度将资本的收入归结在少数人手中极不公平，因而必须改革旧制度，新制度要保障劳动力资源的广泛利用和资本资源的广泛占有，从而创造公平的机会。新制度的核心就是使那些没钱购买生产性资产的劳动者通过持股来完成资本信贷。其具体做法是：首先，企业直接将股票交给员工持股计划委员会，委员会为每个员工建立账户，员工由此分得的红利逐年偿还股票价值，全部偿还以后，股票就属于员工个人了。其次，成立员工持股计划信托基金组织，该组织向银行贷款购买企业股票，购买的股票由该组织保管，随着贷款的逐渐偿还，再按事先约定的比例逐步将股票转入员工账户，贷款全部偿清后，员工则可以得到红利。

20世纪50年代中期，凯尔索将其计划付诸运作，首次成功地将一家股份公司72%的股权，在8年时间内完成了向员工的转移。这一成功的举措，赢得了美国各界广泛的赞扬和支持。1975年，美国的民意测验专家哈特经过调查发现，美国人有66%赞成“员工拥有公司大部分的股份”。1978年，哈里斯的民意测验也表明，美国的职员中有64%的人觉得如果让“所有员工平均分享公司的利润”，那么他们的劳动生产率会更高。员工股份制之所以在美国受宠，主要是员工股份制依据的理论假设流行：当人们为自己劳动时，他们就会更好地工作；而员工为自己劳动的关键是在法律和经济两重意义上拥有所在企业的财产。因此，**企业财产关系内部化，全体员工拥有企业的产权会产生更高的效率**。

（3）产权分享制

产权分享制产生于20世纪50年代，经济学中对人的行为的分析理论成果累累，这些成果大多是在对传统经济学中的一些不现实假定的批评与修正中取得的。传统经济理论认为，对整个经济活动的协调与组织最好依靠那只“看不见的手”——价值规律来不受干预地发生作用。只要存在完全竞争，生产者和消费者就能根据价格信号做出决策，并能实现最有利的结果，资源能被有效地运用，个人追求利益最大化的过程也使整个社会的利益最大化。以科斯为代表的产权学派的研究结果表明，一种产权结构是否有效率，主要看它能否为在它支配下的人们提供将外部性较大地内在化的激励，共有产权和国有产权都不能解决这个问题，而私有产权却能产生更为有效地利用资源的激励，换言之，私有产权在实现资源的优化配置，调动生产者的积极性、主动性和创造性等方面所起的激励作用是一切传统手段无法与之相比的。由此，产权学派的兴起，引起了经济学界的一场“革命”。

心理学家赫茨伯格提出著名的“双因素论”（保健因素和激励因素），科学地阐明了要调动员工的积极性，首先得注意保健因素，使员工不致产生不满情绪，保持其积极性，这是一种预防性的维持因素；但重要的是利用激励因素，激发员工的精神，让人们做出最佳的表现，增强员工的进取心、责任感、成就感等。激励因素就像人们锻炼身体一样，可以改变身体素质，增进健康，是一种积极的内在因素，若只注意其一，不能使“二者”有机结合，就不能真正有效、持久、充分地激励员工创造出理想的工作局面来。

二、员工持股制度及其运作

员工持股制度，作为一种利益捆绑、风险共担的经营机制，在西方国家早已实行多年。国内企业管理者在引入和实施这一制度时，最重要的是要结合本企业的实际情况，有原则、有方法，稳妥地运作实施。

1. 员工持股制度的含义、内容与特征

员工持股制度作为一种体现新的改革思路的企业制度，其核心在于**通过员工持股运营，将利益与企业前途紧紧联系在一起，形成一种按劳分配与按资分配相结合的新型利益制衡机制**。同时，员工持股后便承担了一定的投资风险，这就有助于唤起员工的风险意识，激发员工的长期投资行

为。员工持股不仅使员工对企业运营有了充分的发言权和监督权，而且使员工更关注企业的长期发展，这就为建立科学的决策、经营、管理、监督和分配机制奠定了良好的基础。

一般而言，员工持股计划的主要内容包括以下几个方面：

- 工作一年以上和年龄在21岁以上的员工均可参加；
- 股份或股票分配以工资为依据，兼顾工龄和工作业绩；
- 员工持有的股份或股票由托管机构负责管理，托管机构可以是公共托管机构，也可以是企业内部自己组织的托管机构；
- 到了规定的时间和满足了规定的条件，员工持有的股份或股票有权出售，企业有责任收购；
- 上市公司持股的员工享有与其他股东相同的股票权；非上市公司的持股员工对公司的重大决策享有发言权；
- 政府给实行员工持股的公司以税收优惠。

拟实行员工持股计划的企业首先由雇主和员工达成协议，雇主自愿将部分股权（票）转让给员工，员工承诺减少工资或提高经济效益作为回报。一般情况下，**企业出面向银行贷款交托管机构，或经企业担保由托管机构向银行贷款，以此贷款购买本企业股票，按规定的数额存入员工账户**。托管机构可以是社会的公共托管机构，这样的机构可以承担多家企业的托管任务；也可以是企业自己组成的托管机构。托管机构不参加企业的董事会，但要参加股东大会，代员工行使表决权。托管机构在企业召开股东大会前，要把议题制作成表格，员工用赞成、反对、弃权等形式表明自己的态度，托管机构汇总统计后在股东大会上表态。托管机构每年要按时将员工的持股数和股票市价等情况通知每个员工，按企业规定办理员工的股票登记、收购、转让和红利发放等事宜；每年要向税务管理部门报告自己的经营情况。

员工所持的股份或股票，未到规定时间不得买卖兑现，只有在规定时间届满后离开企业或退休时才可转让持有的股份或股票（一般由企业收购）。但也有企业规定，**员工在医疗、购房和支付教育费等特殊情况下，可以卖掉自己持有的股份或股票**。

员工持股制度的员工股是上述股份的一种，只不过它的持有者是本企业的员工。员工股具有以下特征：

- 员工持有性。只有本企业的内部员工才持有本企业的员工股，本企业员工以外的人员不得持有本企业的员工股。
- 平等性。员工股股份的平等性表现在两方面：一方面是指股份的每股金额相等，另一方面是指每一股份所表现的股东权利和义务相等，更确切地说，员工股具有相等的权利和义务。
- 团体性。持股员工可以凭借股份获得红利分享权，但不能直接凭借股东身份行使对企业资产营运的控制权，而是要通过员工持股，按照集体形成的意志来参与企业的重大决策及选择、监督企业经营者。
- 有限性。员工持有多少股份，就承担多少责任。企业破产，持股员工以其出资额为限对员工持股承担责任，不再从自己所有的其他财产中予以支出。员工持股以其全部出资额为限承担责任。
- 非流通性。员工股不纳入向社会公开集股的范围，通常都不得上市交易。持股员工因调离、退休等原因离开本企业时，所持股份由持股会统一购回。

2. 员工持股的条件与额度

(1) 持股员工范围的确定

持股员工包括以下两类：

一类是以上级主管部门审核批准本企业实行员工持股制度之日为界限，在本企业工作满 1 年的企业内部员工，包括在企业总部、企业直属全资企业工作的正式在岗员工，以及企业控股企业中的委派工作人员和参股企业中的委派人员。判断员工是否属于上述员工，主要依据员工的人事档案材料、劳动工资关系是否仍登记在本企业。内部员工指的是正式员工，即与企业按劳动法规定签订有劳动合同的员工，不包括企业生产临时需要聘用的临时工作人员。

另一类是虽在本企业工作未满 1 年，但属上级政府任命的或按法定程序选举产生的经营班子成员。**所谓经营班子成员，一般指任经理及经理以上职务的领导班子成员**。之所以规定在本企业工作满 1 年的员工才可以持股，是为了保证员工股持有的稳定性，以方便管理。但对于企业经营班子成员，如果因其在本企业工作不满 1 年就不能持股，势必将其排除在持股员工以外，不利于企业领导、管理工作的开展。比如，某国有公司，上级任命一同志调任该公司总经理，作为企业的高层领导人员，在企业经营绩效应与本人利益紧密联系的原则下，该总经理应当持有高于员工平均数量的股份，而不能因其在本企业工作不满 1 年就不能持股。这种做法，是为了加强企业领导人对企业的关切度，从而充分挖掘领导人员的经营管理才能，提高企业的经营绩效。

（2）新增员工的持股条件

随着企业的不断发展壮大以及各种人才在不同企业间的自由流动，企业必定会出现新来的员工，对于这些员工来说，一般只要在本企业工作满 1 年就可以向员工持股会提出持股申请。如果新来的员工属经营班子成员，一经正式调入即可申请持股。员工持股会收到申请后，核定该员工可持有员工股数额，然后从员工持股会的预留股份中划出相应数额部分出售给这些新来的员工。

3. 员工个人持股额度的确定

员工个人持股额度的大小，应结合所负责任、所在岗位及工龄等多种因素来考虑，本着“效率优先，兼顾公平”的原则加以确定。员工股的资金来源分为个人现金购股、贷款购股、企业资金划转三种主要形式。下面根据三种不同的资金来源，介绍各部分持股额度的确定方法。

（1）员工个人交现金认购股份额度的确定

这部分股份占员工股总额的主要部分，个人持股数额可结合工龄、所负责任大小、所在岗位等多种因素，采取“打分制”量化确定。

计算员工个人得分的方法如下：

$$M = A + B$$

式中　M——员工个人得分值。

A——员工工龄分。其计算方法为：A = 本企业工龄 ×0.8 + 原工作工龄 ×0.2（原工作工龄与本企业工龄不重复计算）。

B——员工的职务分。打分方法如表 4－1 所示。

表 4－1　员工个得分计算表

职　　务	得　　分
董事长、总经理	100
董事、副总、三总师	85
部门经理、高工	65
中级职称	50
业务主办、助工	40
一般员工	30

有专业技术职称者按公司聘任的技术职务打分。行政职务与技术职务兼而有之者，按分值较高项计算。

员工个人现金购股额度分配按如下公式计算确定：

$$S = P \cdot M = Z\ (M/\Sigma M)$$

式中　S——员工现金购股限额；

P——$P = Z/\Sigma M$，员工每一分值应分配股份数；

Z——员工现金股总额；

ΣM——有持股的员工得分总和；

M——员工个人得分，由上述方法计算得出。

（2）员工向企业贷款购股额度的确定

这部分股份的额度按下面的公式来确定：

员工贷款购股数额 = 企业贷款总额 ÷ 持股员工总人数

（3）企业福利资金划转成员工股的分配方法

这一部分员工股是由企业公益金、历年工资结余、奖金结余等款项划转形成的，分配给员工的股份。其有福利性质，因而应结合工龄、职务等因素，确定各员工应得份额。可采取以下计算方法：

工龄分配系数 = 该部分员工股总额/持股员工工龄总和 ×40%。

某员工按工龄分配所得份额为 A，

则 A = 某员工工龄 × 工龄分配系数。

工资分配系数 = 该部分员工股总额/持股员工上年度工资总额之和 ×40%。

若某员工按工资分配所得份额为 B，则：

B = 某员工上年度工资总额 × 工资分配系数。

职务分配系数（人均份额）为 C，

则 C = 该部分员工股总额/中层以上骨干人数之和 ×20%。

某员工所得该部分员工股总额 = $A + B + C$。

4. 员工股的发行程序

员工根据员工持股会章程规定，计算各自持股额度，向员工持股会提出个人持股申请。员工申请持股时应填写持股申请表，见表 4 - 2。

表 4 - 2　内部员工持股申请表

<table>
<tr><td>申请人姓名</td><td></td><td>性别</td><td></td><td>身份证号码</td><td></td></tr>
<tr><td>任职部门</td><td></td><td>职务</td><td></td><td>工龄</td><td></td></tr>
<tr><td colspan="6">申请持股总额　元，其中：①现金申购　　元；
②贷款申购　　元；
③企业福利资金划转　　元。</td></tr>
<tr><td>在本公司工作简历</td><td colspan="4">申购人（签字）：　年　月　日</td><td></td></tr>
</table>

人事部门审核意见	（公章） 负责人（签字）： 年 月 日	
工会意见	（公章） 负责人（签字）： 年 月 日	

由工会审查该员工持股资格，确定其持股额度，并张榜公布。

员工向员工持股会交付认购资金，借款持股的要填制借款凭据。

企业在登记注册或变更登记后，向员工持股会交付由董事长签发的内部员工股份凭证。**内部员工股份凭证由员工持股会统一集中管理。**

员工持股会向会员发放出资证明，作为会员查核本人出资金额、据以享受权利和承担义务的书面凭证。

会员出资证明由持股会负责人即员工持股会理事长签发，出资证明应当载明下列事项：

- 会员姓名、身份证号码、工作证号码、出资证明号码；
- 发证日期及注意事项、会员的权利义务；
- 员工持股会董事长签章。

员工持股会应当建立员工持股名册，作为员工持股会管理内部员工股的依据。

员工持股名册应当载明下列事项：

- 会员姓名、身份证号码、工作证号码、住所、出资证明号码；
- 会员出资金额、持有的股份数；
- 股份的变动情况；
- 员工持股会理事长、会员本人及经手人的签章。

三、股票期权：激发人才积极性的新方式

现在很多企业将股票多元化，使员工特别是企业人才持股，让员工成为企业的主人，使其与企业同生死共荣辱。这样，企业不仅扩大了资本，还激发了员工的工作积极性，避免了人才流失，这样“一石多鸟”的做法值得效仿。

1. 股票期权是一种长期激励的报酬制度

股票期权不过是一种特殊的期权，它可以在市场上流通，也可以作为企业资产所有者对经营者实行的一种长期激励的报酬制度。

一般而言，股票期权是指经营者享有在与企业资产所有者约定的期限内（如3到5年内）以某一预定的价格购买一定数量本企业股票的权利。行使本企业股票期权的经营者，在约定期限内，按照预先确定的价格购买本公司股票，如该股票价格届时上涨，那么，经营者在他认为合适的价位上抛出股票，就能赚得买进股价与卖出股价之间的差价。

据资料显示，全球排名前500家的大企业中，至少有89%的企业对经营者实行了股票期权制度。我国率先实行股票期权制度的国有企业是上海仪电控股（集团）公司（1997年）。目前，已经有上海市、武汉市、深圳市和北京市制定了对国有企业经营者实行股票期权制度的办法。我国企业实行股票期权制度应结合部分企业、地区的一些做法，借鉴吸收国外的有益经验。

企业的高级管理人员时常需要独立地就企业的经营管理以及战略发展等问题进行决策。诸如企业购并、企业重组以及重大长期投资等重大决定，给企业带来的影响往往是长期性的，效果往往要在3~5年甚至10年后才会体现在企业的财务报表上。如果一家企业的薪酬结构完全由基本工资及年度奖金构成，那么出于对个人私利的考虑，高级管理人员可能会倾向于放弃那些短期内会给企业财务状况带来不利影响但是有利于企业长期发展的计划。为了解决这类问题，企业应设立一些新型激励机制，将高级

管理人员的薪酬与企业长期业绩联系起来，鼓励高级管理人员更多地关注企业的长期持续发展，而不是仅仅将注意力集中在短期财务指标上。

股票期权计划便是一种新型激励机制。**股票期权是企业给予高级管理人员的一种权利**。持有这种权利的高级管理人员可以在规定时期内按股票期权的执行价格购买本企业股票。在执行期权以前，股票期权持有人没有任何的现金收益；执行期权以后，个人收益为执行价格与执行日市场价之间的差价。高级管理人员可以在规定的时间区间内的任何时间行使其股票期权。

对国外的股票期权制度进行改革，使之适合我国国情是在我国建立股票期权激励制度的主要任务。经营者获得股票期权主要有两种途径：一是经营者要投入个人资金购买股票期权；二是根据经营者的业绩获得股票期权奖励。一般来讲，依据股票期权持有的股票，应在任期届满或延后几年经考核合格后才允许流动和兑现。这样做更加强调了对经营者长期经营业绩的考核，促使其更关心企业的长期发展。

建立股票期权制度主要是解决企业责权利不能统一的问题。那么什么样的企业可以实行股票期权制度呢？凡经过公司制改造的企业均有资格实行股票期权制度，这些企业应包括国有资产控股的股份有限公司（上市和未上市）、国有资产控股的有限责任公司、国有独资公司等。**未实行公司制改造的国有企业不得实行股票期权制度**。

2. 高级管理人员持股的激励效应

西方发达资本主义国家的经验证明，高级管理人员持股是促使其忠实履行责任，强化经营管理和提高企业经济效益的有效方法。外国企业在这方面的通常做法一般是制定一套吸引高级管理人员购买本企业股票的优惠措施，以优惠的价格向高级管理人员配售一定限额的股票。高级管理人员在认购了这些股票后，在一定时期内不能转让，在规定的期限届满后可以转让。一些企业甚至根据高级管理人员的职务高低及责任大小送给一定数额的股票，目的是把他们的个人利益与企业效益连结起来，促使他们认真负责地管理企业、发展业务。

建立高级管理人员持股制度对于激发这些人的聪明才智和敬业精神，

以完善企业管理机制、提高企业效益是一条值得探索的道路。这一制度至少有以下几方面的好处。

其一，高级管理人员持股制有利于增强高级管理人员对企业的责任心。**高级管理人员持股后，其个人利益就与企业利益紧密地联系在一起，一荣俱荣，一损俱损**。不仅如此，由于管理人员的职位越高，其所持股份的数额就越大，他的个人利益的收益和风险也越大，责任心会越强。这种制度对高级管理人员既是动力，又是压力，但无论是动力还是压力，终归是促使高级管理人员对企业更加尽心尽责。

其二，上市企业高级管理人员持股能增强投资者对企业股票的信心。上市企业高级管理人员的持股情况应每年在企业披露重大事项的文件中予以披露。当股民看到高级管理人员持股，而且某些高层管理人员持股的数量较多，会增强对该企业股票的信心，股民会觉得企业的高级管理人员与他们共同分担着企业在经营中可能遇到的风险。特别是在企业遇到了某种市场压力，公众对企业的前途各执一词的时候，如果高级管理人员能在允许认购的额度内尽量多地认购本企业的股份，这对稳定股民对本企业股票的信心有极大的作用。

其三，高级管理人员持股有利于提高企业的决策水平。在其决策不但会直接影响企业的利益，也会间接地影响到个人利益时，管理人员在决策时就会慎重得多。在有关的决策者对决策的后果并无十分把握时，其决策过程可能很自然地民主化，听取其他管理人员、员工或专家的意见。为了增大企业的利益，同时也使其个人利益最大化，管理人员会反复斟酌、权衡利弊，以选择最佳和最实际可行的决策。这在某种程度上有利于减少那些好大喜功、轻率盲目的决策。

其四，实行高级管理人员持股制有利于推行一种管理人员业绩的综合考评方法。现在对经营管理人员业绩的考察，通常是以其为企业创造的效益为基础逐年考察的，这在客观上刺激了经营决策上的短期行为。实行高级管理人员持股制至少可以促使管理人员关心企业未来直至自己卸任后一段时期内的效益情况，而且促使管理人员将注意力放到企业主营业务上，提高企业的生产效益，这样才能使资产、股票增值。所以，**建立高级管理人员持股制后，管理人员更倾向于接受一种综合的考评办法**。

其五，高级管理人员持股制也是防止腐败的重要方法。在管理人员持有企业一定股份后，他们就会对现有的一些腐败做法主动抵制，因为企业利益的减少就意味着个人利益的相应减少，至少那些拿着企业的财产为个人润滑人际关系的做法会引起其他管理人员的不满。

其六，高级管理人员持股制可以作为一种动态的奖惩制度。如果高级管理人员能在任期内得到适当的奖励，卸任后人走茶凉，就只能刺激高级管理人员在任期内为自己捞足敛够。如果高级管理人员卸任后可以对自己给企业造成的困境不负任何责任、利益不受任何影响，那也不能很好地制约高级管理人员为企业负起长远的责任。因此，首先，**让奖惩作用与管理人员的经营效果直接挂钩**。如果经营效益好，高级管理人员会因此得到一份丰厚的回报；相反，如果经营效果差，管理人员的预期个人收益将会付诸东流。其次，奖励和惩罚的力度是动态的，经营效益越好，奖励越多；经营越差，惩罚越重。在这种制度下，高级管理人员在卸任后一段时间仍可能从企业得到一大笔财富，自己为企业所做的贡献在卸任后仍有回报，这对高级管理人员来讲是一种有效的激励机制。

3. 股票期权的形成方式

股票期权的形成方式主要有以下几种：经营者用个人资金购买的股票期权，包括经营者的部分现金奖励转化的股票期权；调整企业股本结构，划出一部分形成经营者的股票期权，用于设立经营者岗位股（干股）或奖励业绩良好的经营者；对有突出贡献并得到社会各方面认同的经营者，实行其无形资产（人力资本专用性）折股形成的股票期权；通过股权转让形成经营者的股票期权；在企业增资扩股中形成经营者的股票期权。

我们认为，在我国国有企业实行股票期权制度的初期阶段，应以第一种形式为主。将对经营者的部分现金奖励转化为股票期权，既适当降低了对经营者的庞大的现金支付，又相当于让经营者自己出钱买股票期权，使经营者承担部分经营风险。

4. 股票期权的类型

美国有接近一半的企业使用股票期权作为激励机制，各个企业的规定有较大差异。根据美国国内税务法则，可以将不同的股票期权计划分为两类：激励性股票期权以及非法定股票期权。激励性股票期权必须符合国内税法的相关规定，持有者的期权收益可以按资本升值纳税，同时，企业纳税时可以在税基中扣除；非法定股票期权的实施不受国内税务法则限制，可以由各企业自行规定，但是个人收益不能从企业所得税税基中扣除，个人收益必须作为普通收入缴纳个人所得税。

股票期权发展初期，其受益人主要是企业的高级管理人员。近年来的发展趋势是受益人范围扩大到本公司、本公司母公司或者子公司的所有全职雇员。

高级管理人员一般在以下三种情况下获赠股票期权：受聘、升职、每年一次的业绩评定。通常受聘时与升职时获赠股票期权数量较多，每年一次的业绩评定后获赠的股票期权数量较少。董事长的薪酬委员会将根据该高级管理人员的工作表现、企业该年的整体业绩来决定合适的股票期权数量。股票期权的赠予额度一般没有下限，但是有些企业规定有上限，如雅虎公司规定每人每财政年度获赠的股票期权不得超过150万股。

5. 高科技企业管理人员的股权激励

高科技企业能否持续发展，关键是人才，而**如何引进人才、留住人才、开发其创新才能则是人才工程的主要内容。**目前，我国大部分高科技企业都存在一个重大制度缺陷，即长期激励机制缺位，致使人才战略难以很好实施，人力资源管理处于低效状态，从而极大地影响了高科技企业发展的后劲。证券市场为高科技发展服务也仅仅表现在金融支持上，更深层次的支持功能，比如激励功能、竞争优势的培育功能等则显得微弱。

在我国，大部分高科技企业中的高级管理人员和科研人员的收入以工资、福利、奖金为主，股权收入很少。这种薪酬制度有三方面的缺陷。

首先，激励短期化。因为工资、福利只是才能和努力的历史指标，弹性不足刚性有余，同时差距有限，基本上对人的工作没有激励效果；而奖金是对本期（或月或季或年）贡献的报酬，评定标准主要是上一财政年度企业经营业绩，与企业未来没有关系，企业价值的变动与经理人员的当前收入几乎不存在相关性。这样，必然导致经理人员的短视心态和短期行为。这种制度必然导致个人理性和企业理性的矛盾，其必然的结局是企业利益得不到保护。

其次，不利于人才引进。由于现行的薪酬制度提供的是一种非常弱的短期激励，因此就没有办法形成机制优势去吸引和聚集高素质的人才并使其努力工作。目前，我国许多高科技企业处于二次创业阶段，市场的发展和业务的拓展急需更多的优秀人才，但因激励制度落后，人才引进和开发的难度很大，即使优秀的企业也同样存在这种问题。

第三，不利于技术创新。企业经理是资源管理者，对企业的发展具有决策权力；科技人员是企业的台柱，企业的命运与他们的行为关系重大。如果一家企业的薪酬结构完全由基本工资及年度奖金构成，那么出于个人私利的考虑，经理和技术人员可能会倾向于放弃那些短期内会给企业带来不利影响但是有利于企业长期发展的创新计划。这显然不利于企业的长期持续发展。

认股权制度是对现行薪酬制度激励弱化的矫正。

首先，它提供长期激励机制。在认股权制度下，经理人拥有按某一固定价格购买本企业普通股的权利，且有权在一定时期后将所购入的股票在市场上出售获取收益。经理认股权使经理人员能够享受企业股票增值所带来的利益增长并承担相应的风险。在经理人看来，最重要的不是已经实现的收益，而是他们持有的未行权的认股权的潜在收益，从而可以实现经理人利益的长期化。即使经理人在退休后或离职后仍会继续拥有企业的认购权或股权（只要他没有行使认股权及抛售股票），会继续享受企业股价上升带来的收益。这样出于对自身未来利益的考虑，经理人员在任期间就会与股东保持视野上的一致性，致力于企业的长期发展。

其次，增强企业凝聚力，强化创新意识。在认股权制度下，企业支付给经理人的仅仅是认股权，是不确定的预期收入，这种收入在市场中实现。在这种制度下，经理人和股东收益的实现渠道是一致的，真正建立起“利益趋同、风险共担”的机制。此时，大家都会把企业的生存和发展当成自己的事业来看待，会主动为企业的长期发展尽力尽责。

当然，经理人持股的优越性对任何企业都是一样的。我们要强调的是，**股权激励机制，特别是科技人员持股对高科技企业的发展尤其重要，**

是高科技企业持续发展的必然选择。国家要尽快出台相关的优惠政策，鼓励高科技企业对科技人员实行股权奖励。这不但关系到一家或几家高科技企业的生死存亡，更重要的是关系着我国高科技产业的发展。

四、股票期权的具体运作

让员工特别是高级管理人员持有企业一定数量的股票权，是现代企业经营中通行的激励手段。运用这一激励手段的企业应完善其制度，明确其标准，唯有如此，才能有效实施并发挥出股票期权应有的激励作用。

1. 高级管理人员持股制结构

高级管理人员持股制在西方国家虽已实施了多年，但并没有什么固定的模式。它属于企业内部管理制度的一种，其具体实施方式可以由企业灵活掌握。

(1) 高级管理人员的范围

高级管理人员可以包括企业的董事、监事及聘用的总经理、副总经理、高级会计师和其他重要管理人员，如部门经理等。其具体范围可视公司的业务情况和性质由股东大会决定。高级管理人员持股可以作为高级管理人员的任职条件规定在企业章程中，高级管理人员的范围由股东大会确定之后，也可以写进企业章程。

(2) 高级管理人员认购企业股票的鼓励方式

企业对高级管理人员持股应采取鼓励为主的政策，这些政策应能吸引高级管理人员主动认购本企业的股份。**一般通行的方式是在高级管理人员认购时给予价格优惠**。上市企业可以以低于市价但高于股票票面金额或每股净资产的价格向高级管理人员出售股票。拟上市企业可以以低于发行价但高于每股净资产或股票票面金额的价格向高级管理人员出售股票。这与1999年被证监会取消的企业员工股有根本区别。**高级管理人员持股是一种长期的持股，不同于原来的企业员工持股，是一种于企业于股民都有益的**

做法。优惠的幅度应由股东大会决定。

(3) 高级管理人员认股的方式

为了方便企业实施高级管理人员持股制，应允许上市企业在任命高级管理人员时以增资扩股的方式向他们发售股票，允许拟上市企业在发行新股时以优惠的价格发售给企业高级管理人员。而且，上市企业向高级管理人员定向增发股份应采取较为宽松的管理方法，只进行一般的审核即可。

(4) 高级管理人员所持股份的管理

高级管理人员所持股份的管理可分为两个层次：一是国家的管理；二是上市企业的自我管理。对高级管理人员所持股份的管理可以从两个方面进行：a. 对高级管理人员持股比例的管理。高级管理人员持有本企业的股份应有一个适当的比例，在一定限度之内，股东大会可以再对每个高级管理人员持股的具体比例作出规定。b. 对高级管理人员转让股份的限制。为实现高级管理人员持股制的目标，应限制高级管理人员在任期内和卸任后一段时间内转让已认购的本企业的股票。目前，高级管理人员任期一般为 3 年，所以禁止转让的期间可以定为 3 年半或更长；但如果某高级管理人员由于连任而任期长于 3 年，或由于特殊情况而任期短于 3 年，则禁止高级管理人员转让股份的期间也可作相应的调整。

2. 股票期权执行价格的确定方法

不同企业对公平市场价格的定义不同，有的定义为最高市场价格与最低市场价格的平均价，有的定义为前一个交易日的收盘价。当某高级管理人员拥有该企业 10% 以上的投票权时，如果股东大会同意他参加股票期权计划，则他的执行价格必须高于或等于赠予日公平市场价格的 110%。非法定股票期权的行权价可以低至公平市场价格的 50%。

通常情况下，**股票期权不能在赠予后立即执行，需要在授予期结束之后才能执行期权**。实际上，企业将股票期权赠予高级管理人员时，并没有授予他们执行期权的权利，高级管理人员只有在股票期权的授予期结束后，才能获得执行权。这样安排的目的是避免高级管理人员的短期行为。

企业的薪酬委员会有权缩短高级管理人员持有的股票期权的授予时

间，在某些特殊情况下，甚至可以在当日将所有的没有行使权的股票期权变为可以执行期权的股票期权。部分企业的股票期权计划有以下特殊规定：对于已获赠但是按照授予时间表尚不能执行的股票期权，高级管理人员可以执行期权，但是执行后只能持有，而不能出售；同时，企业有权对这部分股票按执行价格进行回购。

美国税法规定，股票期权是不可转让的。唯一转让渠道是在遗嘱里注明某人对股票期权有继承权。除开高级管理人员个人死亡、完全丧失行为能力等情况，该高级管理人员的家属或朋友都无权代替他本人执行期权。

美国国内税法还规定，激励股票期权从赠予日起 10 年内有效。非法定股票期权的有效期不受限制，一般为 5 年到 20 年不等。如果某高级管理人员拥有该企业 10% 以上的投票权时，需经过股东大会批准，才可以参加股票期权计划，但是他所持有的股票期权的有效期不得超过 5 年。在高级管理人员结束与企业的雇佣关系以及企业控制权发生变化时，股票期权可能提前失效。

3. 股票期权的执行方法

以下介绍的期权执行方法主要是指上市企业而言的。非上市企业股票的价格要由评估机构评估而定。

通常情况下，企业会委托证券商为员工或管理层办理股票期权。个人向企业指定的证券商支付期权费用以及相应的税金和费用，证券商为个人购买股票期权，股票期权的执行价格由公司预先确定。**这里，证券商只是作为个人与企业之间的中介**。这种股票期权只能由企业认可的人员（经理层或员工）购买，购买的数量也受到限制。个人持有所服务企业的股票期权，努力为企业工作，当企业股票价格上涨时，选择适当时机执行期权，以获得市场价格与执行价格的差价。

个人需要执行期权时一般有 3 种方式：第一，市场交易委托指令，即以当时市场价出售股票。如果股票期权面临过期，必须在短时间内执行，最好采用这种委托指令方式。第二，日限价交易委托指令。如果在当前交易日内，股价达到或超过指定价格就执行期权，出售股票，否则指令自动撤销。第三，限期有效交易委托指令。如果在规定时段内（一般为 30 个日历日)，股价达到或超过指定价格就执行期权，出售股票，否则指令自动撤销。

美国证券交易法规定，企业的董事或高级管理人员只能在“窗口”期(Windows Period) 内执行期权或出售该企业股票。所谓“窗口”期，是指从每季度收入和利润等指标公布后的第 3 个工作日开始，直至每季度第 3 个月的第 10 天为止。除此限制之外，高级管理人员可以自由选择执行期权及出售股票的时间。**执行时机的选择是否恰当直接关系到个人收益的多少。**一般在以下几种情况下，高级管理人员会考虑执行期权：

- 股票期权即将到期，如不及时行权，则股票期权作废；
- 个人认为企业股价已经达到最高点，并且预计以后不会继续上升；
- 个人急需使用现金；
- 出于减少税赋的考虑，其大量股票期权分散在各年内分批执行；
- 个人将在近期内结束在该企业的工作。

如果个人对企业前景非常看好，也可以用现金按期权执行价格购买企业股票长期持有。**只要股价保持上扬的趋势，个人可以选择股价最高时出售股票以获取最大收益。**股票期权一旦变成股票后，可无限期地长期持有，不再像股票期权一样会在多少年后过期。但是，如果股价一直低于执行期权时的市场价，长期持有股票带来的收益会少于执行期权时直接卖出股票带来的收益；如果股价低于执行价格，个人长期持有股票会受损失。

4. 管理层收购的具体运作

管理层收购（Management Buyorts，MBO)，是指公司或者母公司的管理人员收购本公司。由于收购的融资方式多采用较大的杠杆比例，因此，一般将 MBO 归为杠杆收购的一种。

杠杆收购主要有以下两方面的动机：第一，母公司主动将子公司剥离。母公司可能由于多种原因，比如，子公司的发展已经不符合母公司的行业发展战略，子公司的盈利能力不能使母公司满意，等等。母公司的资产剥离当然也可以采取多种方式，以出售而言，既可以出售给外部的潜在购买者，也可以出售给公司管理层。出售给管理层有独到的好处，首先，剥离后的子公司由于管理层变化不大可以保持相对稳定；其次，被收购的公司更有可能与原母公司保持良好的合作关系。而管理层之所以愿意购买，则很可能是基于这样一种判断，即企业价值在收购中实际上是被低估了。第二，管理层用 MBO 作为反购并的一种方式，企业在遭遇潜在的非善意收购的时候，企业管理层可能在金融机构和风险投资资本的支持下将企业转为非上市企业，或者至少使管理层持股比例大大增加，以使敌意收购难以成功，或者虽有可能成功但要付出巨大代价。**杠杆收购的最大困难就是融资问题，**一般而言，收购所需的巨大资金只有 5% ~10% 是管理层的现金投入，50% 左右来源于以企业固定资产作抵押的银行贷款，按美国的做法，剩下的 40% 左右则靠发行股权债券和企业债券来筹集。

(1) 管理层收购在中国的应用

西方企业已有的实践证明，MBO 有助于提高经济效益；但是，将 MBO 引入中国就要考虑中国的国情。我国国情的特点如下：

①上市公司大多是国有企业转制而来，非流通的国家股和法人股比例平均占 70% 以上，MBO 可能适用的领域是股权分散的上市公司以及上市公司的待剥离企业。

②管理层收购的融资渠道还非常少，**因此，管理层收购的融资方式需要创新，能否成功地融资是 MBO 能否从理论走向实践的关键。**

③我们国家的大量未上市企业，实际上也可以看作是股权极度分散的企业，股份极度分散的结果是所有者缺位，通过管理层收购引入大股东并重建企业的组织形态在实质上与西方的 MBO 并无不同。

我们以收购国有控股上市企业为例，提出一个设想性质的方案，以期起抛砖引玉之效：

管理层成立一个空壳公司；引入外部战略投资者，空壳公司与战略投资者分别受让国家股、法人股的一部分，受让的目标是空壳公司与战略投资者所持的股份比例之和达到控股所需要的比例；战略投资者出具委托书，委托管理层代为行使战略投资者的股东权利，从而在事实上使管理层控制上市公司；空壳公司与战略投资者签订分期转让股权的方案，以便使战略投资者得以逐渐退出或者减持上市公司股份；可以允许原来的国家股股东和法人股股东保留一定的股权比例，空壳公司有权以事先确定的价格收购其保留的国家股、法人股的一部分或者全部。

这个方案实施起来有一些难度，比如，管理层成立的空壳公司，其注册资本不会很大，因此其受让的上市公司股份比例不会大。这样就带来一个问题，即如何能使得管理层有足够的财力逐步受让战略投资者分期转让的股权？一个设想是，设计一种制度安排，使管理层能够最大限度地分享上市企业净资产的增加，比如，达成如下协议：如果管理层能够使得企业净资产收益率高于 15% 的话，那么国家股股东和法人股股东的权益增加额中超过 15% 的部分无偿划转给管理层设立的空壳公司。退出机制也是一个要重点考虑的方面，战略投资者投资的目的不一定是长期持有。因此，**在目前国家股、法人股不能流通的情况下，要吸引外部战略投资者，首先需解除其后顾之忧**。可以考虑如下的做法：如果管理层经营良好，那么战略投资者有权以一事先确定的价格将股权逐渐转让给空壳公司；如果管理层经营出现重大困难，战略投资者有权将所持股份以买入价格的不一定比例（如 70%）重新转让给国家股、法人股股东。当然，如果届时中国资本市场发展到了国有股、法人股可以上市流通的阶段，或者战略投资者自愿与管理层承担风险，则上述的做法就一定需要。上述的战略投资者可以是企业、金融机构、风险投资家、基金等。笔者认为，从事风险投资的机构在中国将有很大的发展，将为我们的具体操作提供较大的活动空间，而且，资产重组与风险投资本来就有着相辅相成的关系。

（2）可能实施 MBO 的企业

以下企业可以考虑实施 MBO：

①国有企业，上市公司的有待剥离的部门，最好是资产负债率不高，收益较为稳定的部门。

②股本较小，股权分散，目前经营状况不佳，资产负债率不高的上市公司。

我们以一个虚拟的公司来说明一种可能的总体方案。假设某企业总股本为 5000 万股，可流通普通股为 1500 万股，国有股、法人股的转让价为每股 2 元。转让后的股权结构为：空壳公司 21%，国家股 19%，法人股 30%，可流通普通股 30%。其中，法人股由若干股东共同持有，任何一家法人股股东持股比例不超过 20%；空壳公司中，管理层占 1%，战略投资者占20%。这样，空壳公司就成了事实上的控股股东。如果战略投资者把其20%的股权委托给管理层的话，企业管理层就成了控股股东。

一般来讲，**上市公司的股权愈分散，管理层收购成功的可能性愈大。因此，三无板块以及一些非流通股比较分散的企业值得特别关注**。尤其是考虑到中国目前收购上市公司的种种制度障碍，我们认为，在上市公司的待剥离企业中实施管理层收购，较有可能成功。

第五章

因势利导：开发员工的潜能

一项研究成果表明，人一生的智慧仅用了人脑智慧的8%，也就是说，有92%的智慧、潜能未开发出来人就已死了。人的潜能是无限的，企业员工中蕴藏着巨大的潜能。对于企业经营者来讲，运用各种方法最大限度地开发出员工的潜能会为企业的发展提供不竭的智慧和力量。

一、掌握释放员工潜能的领导艺术

领导艺术，最直接、最突出地表现在用人、管人上。而管好人、用对人，根本要求就是根据工作需要，最大限度地调动员工的积极性，充分释放员工的潜能。实践证明，因岗寻人、提升技能、善用潜质，都是有效释放员工潜能的高超领导艺术。

1. 为员工寻找合适的岗位

日本企业员工跳槽的不多，但在企业内部的流动十分频繁，许多企业的员工一般每隔 3 年就要调换一次工作。员工调动包括部门内的调动、部门之间的调动、子公司之间的调动等。调动的原则是根据工作需要，如根据个人能力、特点安排更合适的工作，培养具有全局观念的干部，缓解人际关系等。但更重要的理由是在企业内部造成机会均等的竞争局面，激励人们的进取心。相对来说，我国企业内部员工流动太少，终生从事一项工作的员工不少于 50%。企业人事部门为了培养、发现更多的人才，要学习外国一些公司的做法，让员工在内部流动起来，把它作为激励员工的一项重要原则。

内部流动的最大好处是为各个员工提供发挥潜能、显示才干的平等机会，为人才脱颖而出创造条件，为企业选拔人才、培养人才、使用人才提供科学的、合理的依据。企业内有各种各样的岗位、各种各样的人才，对员工来说，每个人成长的机遇是不同的，分到一个“好”工作，就比较容易出成果；分到一个“坏”工作，就可能终生默默无闻。倘若像目前一样，把每个人长期固定在一个岗位，就势必造成人才成长机会的不平等。不平等的后果是少数机遇较好者可以脱颖而出，多数岗位的员工竞争意识被挫伤了，失去了可贵的进取心。这不利于人才的成长，会埋没一批人才。像企业目前普遍受人羡慕的科室管理、工程技术等岗位，很多人就没有机会谋得这样的职位，而这些岗位的人员不见得就是最佳人选。**如果定期轮换岗位，给每个人以平等的竞争机会，真正的人才就会表现出与众不**

同的卓越才能，用实践证明他最适合此岗位。企业主管通过人员的内部合理流动，会发现每位员工的长处和短处，知道每个岗位的最好人选，实现劳动者和岗位的最佳组合。

同时，内部流动也有利于加强不同岗位之间的了解和沟通，还为培养高级的经营管理者打下基础。如党务干部流动到行政岗位，可以学到业务知识、行政管理经验，知道完成生产任务、销售指标压力之大，工作之难。行政干部流动到政工部门，可以学会做思想工作，知道吃这碗“软指标”的饭也并非易事。车间员工流动到销售部门，知道销售员要磕多少头、说多少好话，才能拿回合同，并非想象中的那样潇洒。科室人员流动到生产车间，知道工作条件如何艰苦、强度多么大。另外，有培养前途的经营管理者可以通过岗位的流动，积累各方面的经验，了解各方面的情况，为以后大展宏图打下坚实的基础。还有，一旦个别岗位出现空缺，企业人事部门可以从容调度，不会影响正常工作，因为很多员工都曾在此岗位干过，候选者多得很。

这种做法不仅在企业可行，在其他组织中亦有借鉴意义，它既是一种压力，也是对员工的一种激励。

2. 帮助下属提高技能

当下属由于无法解决某个问题而感到苦恼时，身为上司者不妨将自己个人的经验、方法提供给下属。然而，许多时候，情况往往在开始时便弄巧成拙，变了质：上司虽想用温和的方式将经验传达给下属，但是语气上如果隐含着命令的意味，那么下属表面上也许接受，心里却未必服气。因此，这一点必须特别注意。要知道，当下属因为不知如何做而感到闷闷不乐的时候，上司如果趁机在一旁干预，对于下属而言，或许意味着对他们的不信任。

在此情况下，我们不妨对下属表示：“如果是我，我将这么做……你呢?”以类似的做法来指导下属，不但可保持自己的立场，也可将意见自然地传达给下属。甚至下属极可能会认为上司是站在自己的立场上考虑。这样，上司说服的目的便达到了，也能发掘下属的潜力。

其次，对下属而言，只要服从上司的指示，自己根本不必花脑筋思考，反倒轻松，何乐而不为呢？

如果上司能够提出多种方法，让下属自己有机会加以思考，下属一方面会认为上司是给自己面子，另一方面则将提高对上司的信赖感。

在现实中，领导能力与方法欠佳的领导者，通常只会一味地想把自己的知识告诉对方，比如，向他们指出：过失的原因在于此时此地发生此事，经由某作用，而产生某影响，所以我们应该如何做。如此就容易变成说教。话虽然进入对方耳中，但却不是对方切身需要的东西，因而无法吸收，甚至容易将之遗忘。

所以，**最好明确指示其过失所在，但暂时不必说明该如何做、如何防患于未然以及如何追究过失等方法，让对方有自我思考的余地**。而当对方经自己思考，却又无技可施时，自然会发问："这该怎么办？"此时，再给予适当的建议，才是合乎实际的管理方法，因为这样会促使下属自己思考。

许多身为上司者为了提高工作效率，往往希望以最简单的方式将知识传达给下属，而不让下属自己去思考。如此将无法发掘下属的潜力，也就不能培养出优秀的下属。这是上司必须予以警惕的一环。

3. 激励和使用好有潜质的下属

领导者发现下属中有潜质的人才，应立刻善加运用，一刻的踌躇即会损失一刻的利益。

在你发现有潜质的人才后，在激励和使用上应注意以下几点：

（1）把他视为你管理技术上的一项挑战

你的管理办法对待资质平庸的下属或许绰绰有余，甚至让人把你看成奋斗目标。而在卓越人才眼中，你只是代表一个职位、一个虚衔，并不表示你的才干比所有的人优秀。要他们全听你的，是件颇困难的事。

（2）鼓励他公开讨论自己的观点、建议

此举是增加他对你的信任，以及对公司的归宿感，显示他的建议受到你的重视。这是有效的激励之法。为了有所表现，他必会乐于创新。

(3) 赞美他杰出的表现

不要害怕他会被宠坏，在他有杰出表现之后，加以称赞和鼓励。**因为你的冷漠，会使敏感的他以为你嫉妒他**。通常卓越的人均懂得鉴貌辨色，为避嫌“功高盖主”，招你猜忌，他宁愿把创造性的建议藏起来，待有机会即另谋高就。

(4) 给他明确的目标、富有挑战性的工作

有潜质的人才做事有点天马行空，但又有出乎意料的成功；你给了他们明确的目标、富有挑战性的工作，他定感到被看重而满怀工作激情。

(5) 推荐他就读有帮助的课程

“学如逆水行舟，不进则退”。如果你将有潜质的人才的工作安排得十分紧凑，他根本没有时间学习新事物；不断工作的结果使他精神疲惫。**有潜质的人才也会渴望了解新鲜的事物，他们需要不断地学习，以激励自己不断进步。**

(6) 对他额外的贡献给予赞赏鼓励

在你未能给予他更多的薪酬时，一些实质性奖励是必要的。对于他对公司额外的贡献，如无特别鼓励，虽然他可能还会追求进步，但动力自然减弱。

(7) 使用上注意用人所长

人的能力既然有差别，那么在安排使用人才时，就要通盘考虑。比如，有的人善于辞令，讲话极富有说服力、鼓动性和吸引力，有的人则“茶壶煮饺子——肚子里有货倒不出来”，这是人们口头表达能力的差别。单就这一点而言，前者适宜于安排在企业的宣传、公关、推销等岗位上，后者适宜于安排到文秘、科研、资料统计、设计等岗位上。

企业在对员工进行能力判别时，可运用科学方法进行测定。世界上许多企业很早就运用能力倾向测验进行人事安排，我国近年也开始出现了这方面的试验。如我国上海儿童食品厂运用自己编制的一套对食品生产操作工人进行测验的工具，测定了几十名技工学校毕业生，按照成绩，将他们分为敏捷型（手臂运动灵活性高者）、灵巧型（手眼配合灵巧者）、注意型

（注意力分配和动作稳定型测验优秀者）、创造型（创造性思维能力高者）和综合型（各方面测验都较优秀者）。在工作分配上，把敏捷型和灵巧型的人安排在食品生产流水线上任操作工，把注意型的人安排在流水线上任仪表观察工，把创造型的人安排在车间机修岗位或者技术要求高的岗位上，把综合型的人作为技术骨干进行重点培养。经过半年的追踪研究和效度验证，以及对干部和群众进行问卷、面谈调查，发现大多数新员工适应性较强，甚至有的在很短时间内就对技术有了一些新的革新，效果很好。

4. 让员工掌握钓鱼的方法

企业里很多下属、后辈，会乐意接受上司、前辈传授的工作秘诀，而上司、前辈也认为这样做才是亲切的表现。

但别忘了企业巨子王永庆的说法，他说："要帮助人，最快的方法就是给他一条鱼。对于那收到鱼的人而言，晚餐就有着落了（可是吃完了，又不知道下一餐在哪里）。其实，以长远的眼光来看，最好的方法，应该是教他钓鱼，这样他就不用再为三餐烦恼了。"

有时技巧的传授并不是真正的亲切表现，就像发"参考书"给学生，只会使他们死记书上的解题技巧，却不会活用，如果遇到别的题目就无法应付了。

上司把自己的顾客转给业务不佳的下属，就像是给他一条鱼；告诉他"要怎么开拓新市场"、"要抓住什么样的顾客"之类的要点或秘诀，才是教他怎么钓鱼的方法。

这样的例子在现实中是很多的。有位获得世界级影展最佳导演奖的新锐导演，回忆他从前任副导演时，一位资深的导演曾对他的教诲。他说：

我觉得这位前辈先生的演技指导是最正确的。他不曾直接告诉演员要怎么做，而告诉他们哪里错了，然后演员自己想要怎么改过来。这不但很辛苦，也很花时间；但是这位前辈先生所培养出来的演员，个个演技精湛，都能独当一面。

如果不用这种方法，就无法培养一位优秀的演员。拍戏除了时间上的限制外就让演员自由发挥。

这番话意义深远。其实，演技指导和工作指导在本质上是一样的。平常我们会因时间的限制而帮别人做事，就像有时导演会耐不住性子，亲身示范，但这样永远栽培不出好演员。诚如这位导演所说的，**在条件可容许的范围内，不妨让当事者自己解决问题。这才是培育人才的“精髓”所在。**

二、多向开发，释放员工潜能

企业员工，人人都有积极工作的潜能，作为管理者，所需要的是如何以正确的方式释放员工的潜能。多向开发即是正确的方式之一。多向开发，一是要求管理者要掌握不同员工的特性，因人而异；二是放手使用，让员工在工作实践中积累经验，增长才干，三是允许员工犯错误，并指导其改过自新。如此，员工的积极性就能倍增，潜能就能得到充分释放。

1. 掌握不同员工的特性

日本著名企业家松下幸之助认为，使用人、提拔人，其对象都是人。所以，紧紧地抓住人这个关键问题是很重要的。举个例子来说吧，也许这个例子不太合适。人饲养动物的时候，必须掌握这一动物的特性，然后再采取切实的饲养方法，如马和牛的饲养方法是不一样的。马有适合马的特性的饲养方法，牛有适合牛的特性的饲养方法，如果混同起来，两者都养不好，有时还会把动物养死。

松下说，从这些事来考虑，站在用人的立场上，站在负责人的立场上，不掌握人的特性是不行的。换句话说，就是对人要有一个正确的看法。如果不了解人而去使用人，说极端一些就像是不知牛与马的差异而去饲养它们是一样的。这样与其说使用人，还不如说扼杀人。从古到今，**凡称得上优秀领导者的人，都是先了解了人的特性，才能够用人，而做不到这一点的人，大体上都是失败者。**

松下在《提供新的人类观》一书中指出：宇宙中存在的万物，总是在生成并且不断地发展着，万物都是日新月异的，生成与发展是自然的规律。人类具有顺应宇宙运转和支配万物的力量这一天性，人类面临着不断生成与发展的宇宙，人类认识宇宙，认识万物所具有的各种各样的本质。

人靠各自的智慧、各自的力量是微不足道的。融会、综合古今先哲圣贤的智慧并使之不断提高，形成了集体智慧，只有集体智慧才能使自然规律展现在人们的共同生活之中，才能充分地发挥人的作用。

为明确人类使命的含义，为实现这一使命，松下幸之助提倡新的人类观，他指出：人类作为万物之主具有伟大的天赋。自觉地运用这一天赋，利用一切事物，创造出更美好的共同生活。这就是人类之路。

这一人类之路是从承认、允许人类及万物的存在开始的，也就是说，人和包罗万象的万物都是依照自然规律而存在的，这是人类之路的基础。

在承认一切事物存在的基础上，看清一切事物天赋的使命、特点，按照自然规律给予其适当的地位，使一切事物都得到生存，这正是人类之路本意之所在。不做错误的处理，不给万物错误的位置，正是作为万物之主的人类的责任和义务。

这一人类之路只有以崇高的精神为基础，又不断地汇聚众人的智慧，给予事物应有的处理，才能共存与共荣。

政治、经济、教育、文化及其他，包括物质与精神两方面的人类的一切活动，都基于这一人类之路。

一切事物顺应客观规律，各得其所，在调整中生存，日新月异、不断进步。

只有人类之路才是充分发挥人类伟大的天赋的大道。这就是松下提倡的新的人类之路。

松下认为人类具有无限发展的潜力，基于这一观点使自己很好地活下去，使别人很好地活下去，利用万物，无限发展。这正是人类的使命，这也是人类所能做到的。

这种对于人类的看法乃是正确处理政治、经济及人类其他一切社会活动的根本。他以为具有这样的人类观是很重要的。

锻炼人、培养人很重要，因为人类潜藏着无限的能动性，正如“玉磨饰则无兴”这句话所说的，钻石不磨不会闪闪发光。但是，一般的石头不论你怎么磨也决不会像宝石那样熠熠生辉。

动物得到人的训练，如在马戏团看到的那样，会掌握一些“技艺”。但除此之外，动物是不可能自己想办法创造出什么东西来的。而人类能到达距离很远的月球，能向更远的火星发射宇宙火箭，并在地球上遥控，像神话一样的事情也能办到。但是，人类如果不接受教育，就不能充分发挥其内在潜力。

为了最大限度地发挥人的能动性，必须学习、接受教育，并在实践中去运用所学知识，积累经验，挖掘潜力，努力磨炼、提高自己。这种做法是很重要的。

2. 让员工积累多方面的经验

一般说来，人们普遍存在着一种“习惯于固定工作”的心理，也就是说，对于自己所熟悉的拿手工作，总表现得信心十足，容易出成果；对于陌生或棘手的工作，则只能照规定行事，一旦状况有所变化，就不知所措，甚至自认为能力不足而感到惶恐不安。

易受工作性质的影响是人类的共同心理特性。这种特性也称为“场心理”，一般人或多或少都具有此种心理。

若要成为能够克服逆境的强者，就必须设法改变故步自封、墨守成规的习性。换言之，就是要让他有机会接受多方面的挑战，使他受到震撼，并从中取得经验。

所以，如果能让下属有机会协助其他部门的工作，从事与自己的工作不同的项目，由“场心理”来看，可锻炼他们应付各种不同情况的能力。从各种场合不断累积经验，充分了解现场的作业内容，进而做出综合性的判断。

3. 用经验教训现身说法

有位公司的高级管理人员曾提及，他们公司中有 A、B 两位科长，A 毕业于一流大学，进入公司 10 年之后，升为科长，被公司同仁公认为敏锐、干练的干部，具有辉煌的业绩；B 则不太受人注意，他是进入公司 17 年之后，与 A 同时升为科长。B 非但没有辉煌的业绩，且公司上下人人都知道他曾有过多次的失败经历。

他们两人在公司内的竞争，众人皆认为 A 占上风，但事实上却不然。截至目前，胜利仍归于 B。他们同时成为科长那年，彼此的业绩不分上下，直到第二年之后，B 开始有了惊人的业绩。A 当然也有业绩，但与 B 相比，却仍有一段距离。

提供此故事的人认为：差别在于彼此对下属的教导方法有所不同。

A 教导下属的重点在于举出自己成功的例子，B 则毫不讳言地举出自己失败的经验，两者不同的教法反映在下属的业绩上自然也互有差异。

确切地说，举出自身的成功例子来教导下属，实在无可厚非，因为成功的例子具有强化教导的效果。然而相比之下，**在教导年轻下属时，以失败的例子来说明更具有效果**。

因为，如果所举出的成功经验，略有言过其实之嫌时，下属便会认为上司在吹牛，而对他产生反感。当精明干练的 A 说出自己成功的体验时，年轻的下属反而有自卑感，甚至可能由于会对失败过度恐惧，因而情绪低落。

失败对于年轻的下属而言，是习以为常的事。所以，对他们谈及失败的经验时，反而可使他们产生亲切感，较易于接受。

当年轻的下属了解自己的上司也经常失败时，会认为自己偶尔有失败，并非不可原谅，于是无形中便在心理上建立起不畏失败的信念。

话虽如此，若真要把自己失败的事毫不掩饰地向对方坦述，则无疑需要相当大的勇气。

但是，身为上司者均应有这样的认识：**只要不是自己真正引以为耻的经历，或是凭空捏造的故事，下属们不会没有兴趣聆听的**。

4. 允许员工犯错误

人们对于过于完美的模范样本，极易失去学习的兴趣。

根据心理学的研究发现，当人们见到过于完美的模范样本时，极易因为畏怯心理而失去学习的意愿。

所谓学习，就是模仿对方的所言所行。**如果所学习的目标让人感到遥不可及，则可能使对方连加以模仿的意念都消失了**。

就师生之间的情形来说，学生听过老师完美的教学后，必认为自己的程度与之相差甚远，因而缺乏学习的意愿。换句话说，老师的存在，对学生而言是遥不可及的。学生甚至认为：“我们毕竟生活在不同的世界里！”反之，使学生产生学习兴趣的老师，往往让学生感觉到他像近在咫尺的兄长一般。

凡事切莫要求十全十美。有时，偶尔犯下一个小错误反而能显现出人性，让学生乐于接近。所以，不妨让学生认为：“老师也是会犯错误的。”

其次，应将教学方法降低到学生所能接受的程度，或者略微提高学生所能接受的程度，使之产生“看样子，我也能办得到”的想法，因而学习的兴趣会大为提高。

对于工作场所而言也是如此。所以有人说：“过于精明能干的上司，不易培养出好的下属。”让下属看到上司高水准的一面，易使下属颓废丧志，并降低学习的兴趣。

所以，在刚开始时，对下属不要有过高的要求或期望，并尽量表现出身为上司的你也可能失败。换句话说，**应先以次等的目标来要求下属，然后再使之循序渐进**。

第六章

能职匹配：给员工最能发挥其才华的岗位

古人云：“授人必求其当”。这就是要求用人要做到能职匹配，才尽其才。

能职匹配是企业用人的一个重要原则。遵循这一原则，在用人上就能做到用人之所长，尽人之所能，使员工有用武之地，能充分施展自己的才华。

一、能职匹配，才尽其用

企业用人管理最容易出现的失误，一是大材小用，二是人浮于事。解决的根本方法，就是制定相应的制度，使人员能职匹配，才尽其用。作为用人者，无论授人还是授任，都应做到固事择人，能当其位。

1. 授人必求其当

古人曰："君子所审者三，一曰德不当其位；二曰功不当其禄；三曰能不当其官，此三者乃治乱之原也。"可见，**能当其位是任人的重要原则，是因事择人的前提**。而欲能当其位，首先应授任必求其当。

"用人必考其终，授任必求其当"。这里所指之"当"必须注意"用人适位"，"制器必用良工"。

(1) 用人适位

事各有不同，人各有所长，任人之要，必使人之长适于事业之需，方能使事业发展。有一次，武则天问狄仁杰："朕欲得一贤士，你看谁行呢?"狄仁杰说："不知陛下需要什么样的人才?"武则天说："朕欲用将相之才。"狄仁杰说："荆州长史张柬之是大才，可以任用。"武则天于是擢升张柬之为洛州司马。过了几天，武则天又问贤，狄仁杰说："臣已推荐张柬之，怎么还没有任用?"武则天说："朕已经提拔他任洛州司马！"狄仁杰说："臣向陛下推荐的是宰相之才，不是司马之才！"武则天于是把张柬之升迁为侍郎，后来又任用他为宰相。就选贤而论，不能说武则天无任人唯贤之德，但是，就能当其位而言，武则天则无任人之明了，而恰恰在这点上，狄仁杰却有其高明之处，即宰相之才不可任司马。

(2) "制器必用良工"

欲使能当其位，必用"精术"之人。因为，同为"胜任"亦有区别。有的仅为"完成任务"，而有的却"卓有成效"，还有的甚至"很有创见"。人们所希望的当然是后两种。而要达此要求，非得"良工"不可，即非得精于此道而具高超技能者不可。

要做到上述两个方面，必须做好两项工作，就是：职业分析和因岗选人。所谓职业分析，是指对每一种职业所需能力的种类和分量及其气质特点进行鉴别，并做出明确的规定。人事心理学认为，**任何一项工作，不仅需要有与之相适应的一般的智力阈限值，而且还需要与该工作性质相符合的某些特殊能力**。这些特殊能力，主要是指某些动作能力、语言能力、想象能力和判断能力等。不同工作所需特殊能力不仅在种类上不同，而且在分量上也有差异。此外，一定工作还需要一定性格与气质的人来从事。比如，需要仔细谨慎的工作，宜选用抑郁质或黏液质的人；需要广泛交往、活动性强的工作，宜选用多血质的人。职业分析的目的在于确定每一项工作需要能力的种类与水平以及相应的性格、气质，以作因事择人之据。而因岗选人，则是在职业分析或岗位分析的基础上，制定各岗位人员的选聘标准，并以此选人。选聘标准包括个人品德、专业水平、文化程度、性格、能力、经历、年龄、健康等方面。不同的岗位采取不同的任用形式，或选任，或委任，或聘任，或考任，从而选拔出所需人员，以适应工作需要。

2. 授任应当能职匹配

能职匹配，既要考虑胜任其职的问题，也要防止“功能过剩”，即避免“大材小用”。因为，“大材小用”必然造成一个人能力的部分浪费；必然造成“高位”无才、“低位”人才堆积的情况；必然挫伤“大材小用”人员的积极性，使其“骑马找马”，另图高就，难安其心。要做到授任能职匹配须注意以下三点。

（1）任人标准不可太高

任人标准超过实际需要而定得太高，必然使人望而却步，必然使人对职业估价太高。这对一部分进取心、事业心较强的人来说是一种“带挑战性”的有趣工作，但是，一旦就职，发现其“轻而易举”，毫无进取可能，则必然另图他就。当然，我们不是反对严格用人标准，只是说要考虑现有的客观条件、客观需要，否则必然有违因事择人之初衷。

(2) 任人标准不可过分武断，应带有一定“弹性”

过分武断，易使人增加压迫感，尤其是一些对自己估价不足者，更是望而生畏。正确的做法，应是把任人标准根据事之所需，分为必要条件和参考条件两种，必要条件即是从事某工作不可缺少的必备条件，参考条件即是有之则好、无之也可的条件。**在备选人员较多的情况下，必要条件可高一些；反之，则可低一些**。当然，也必须以“胜任工作”为原则。

(3) 取消一切不必要的标准

添加不必要的条件、标准，在客观上缩小了备选人员的范围，增加了任人难度，实为画蛇添足，多此一举。比如，要求一位市长精通农业耕作，要求一位经理熟悉文学创作，要求一位电工具有较强的口头表达能力，恐无必要。尽管市长精通耕作、经理熟悉文学创作、电工精于演讲也不为坏事，可是如果真的列上这一条，大概也就少有胜任者了。

有人说：“要想熟练地进行加法，同时必须精通乘法。”借此强调知识面放宽对胜任工作的作用。不容否认，放宽知识面对于人的工作确有一定的积极影响。但是，进行加法，未必一定要精通乘法，如果真的精通乘法，那最好是将其从“加法”岗位调至“乘法”岗位，否则，必有“大材小用”之嫌。

3. 用人应考虑负面条件

除应考虑与事之所需相适应的条件以外，还应考虑与其不相适应的负面条件。所谓负面条件，即指与某种职业特点不相适应的条件，比如，某项工作中若附带不少额外的冗繁细节，就不能雇佣一名很有创意的人；如果这项工作还必须长时间接听一些抱怨性质的电话，就不能任用一个脾气火爆的人。

工作负面条件的产生，常常是由其自身特点决定的。比如，市长工作稍有失误，就容易遭受市民的指责甚至责骂；一个物资分配主管人员，常遇到贿赂的考验等。也有的是由其所扮角色冲突造成的。所谓角色，是指在特定的社会结构中，处于某个特定的位置时，某人所执行的职能。当一个人同时处于几个互不相容的地位时，或当一个角色具有几个互不相容的期望时，就产生了角色冲突。而当一个人担任某项工作职务以后，他在社会上就扮演了至少两个以上的角色。比如，一个地质勘探队员，同时，他又是一个孩子的爸爸、一个妻子的丈夫，这三个角色之间的冲突就暴露了地质勘探工作的负面条件，即长年在外而顾不及对孩子的教育和对妻子的关爱。

任何工作都有其负面条件，无一可免。对行政领导工作来说，要有较强的组织能力、管理水平及联系人民群众的作风，也可能会有浮夸、腐败等负面特点；对军事人员来说，既要有较强的指挥能力、果敢精神和刚勇之气，也可能会有伤亡可能性大、长年服役在外等负面特点；对企业员工来说，要技术好、业务水平强、认真负责的精神，也有受机器“束缚”、听使于别人指挥等负面特点。所以，**因事择人，如果把事情考虑得过分乐观，即使所择之人符合了事情的正面条件的要求，也有为负面条件辞退的可能。**

当然，工作本身也自有它调整用人的作用，对于一切不适应其需要者，必显示出排斥调整的要求；但是，还是应以事先考虑周到、正面和负面条件皆有所考虑者为好。

4. 用人须用人所长

《泾野子内篇》中《西邻五子》的寓言故事说：西邻共有5个儿子，“一子朴、一子敏、一子盲、一子偻、一子跛。乃使朴者农、敏者贾、盲者卜、偻者绩、跛者纺，五子者皆不患于衣食焉。”也就是说，西邻将5个儿子中质朴老实的安排种地，将机敏伶俐的安排经商，将双目失明的安排卜卦，将背驼的安排搓麻绳，将跛足的安排纺线。结果，5个儿子都不愁吃穿了。西邻安排5个儿子对号入座、各适其职的做法，就是今天所说的能、职相匹原则。

不同的人彼此的才能都有质的区别，这叫能质。在相同的能质下，能量的大小才能够相比。我们所说的能职相匹，就是指在人才的任用上，必须根据不同人才系统对人才能质、能级的要求，选用具有相应能质、能级的人才，并且要保持人才系统中的能质、能级要求与人才具有的能质、能级之间的有机协调和动态对应，以实现因事择人，量才录用，才尽其力，事竟其功。

在能质相同的情况下，能与职的情况有三种。

(1) 能等于职

能等于职，即人才的能级与岗位、职位相等，这种安排使用人才的方式稳妥可靠。不过，完全相等的情况是极少的。

(2) 能大于职

能大于职，是说人才的能力的级别超过了岗位、职位的要求。出现这种情况，从表面上看，力大担子轻，余勇可贾，工作应该干得非常出色。但是，现实生活中的事实却有力地告诫领导者，尽量不要出现这种情况，因为每个人都有实现自己价值的强烈愿望，能力大大超过职位、岗位的要求，因余力发挥不出来，不能充分显示自己的才华，其积极性受挫，工作反而往往做不好。

(3) 能小于职

能小于职，即人才担任的工作超过了他的能量级别。**如果人才的能量稍微小于工作职位要求，会对人才的成长发展有利，因为压力会变成鞭策前进的动力**。多数人才的成功都是这种压力不断变动力的结果。但是，如果能与位相差太大，超过了极限，不但会因为“担子”太重使身体“伤筋动骨”，而且也要给事业带来损失。

能与职的这三种情况，对不同年龄的人来说作用不一样。一般来说，能等于职，适合于中年人。一方面，中年人年富力强，堪当重任；另一方面，中年人一切处于比较稳定状态，其能力的弹性相对减少。能大于职，适宜于老年人。老年人争胜好强之心渐弱，且大多有甘做人梯精神，其能力几乎没有弹性且日渐萎缩。能小于职，有利于培养青年人。青年人处于工作的起点，前途无量，正在长知识、增才干的年龄段，并且上进心极强。

上面所说的年龄与能、位的关系，主要是着眼于人的生理状况而言，从现实生活来看，真正做到能、职相匹是极不容易的，多数情况下是相对的合理。当然，不合理的情况也是到处可见的。既然不可能完全做到能、职相匹，从年龄上来看，那只有“以小合理代替不合理，以大合理代替小合理”了。

二、量才使用，人尽其才

企业用人，应充分考虑不同员工的能力与特长，做到因人而异，量才使用。唯有如此，才能避免浪费人才或小材大用的失误。要做到人尽其才，关键的一点是要破除任人唯亲和论资排辈的用人观。

1. 人地相宜，量才而用

日本德川第八代将军吉宗实行所谓的享保改革，整治了乱世。他被称为第二个家康或德川幕府中兴的始祖。吉宗求贤若渴，极力选用人才。有名的江户町长官大冈越前守就是他选用的人才之一。大冈在伊势山田执行政务，仲裁民事光明正大，恰巧被当时的纪州藩主吉宗发现，于是，吉宗就任将军的同时录用了大冈。

诚然，吉宗以前的将军，如五代纲吉的柳泽吉保，也不是不提拔人才，然而，从做法上来看，他有把一部人当作“宠臣”来重用的倾向。这一点，吉宗与他的做法大不相同。吉宗的做法是：除了任用大冈越前守，对其他许多人都把他们放在人尽其才的适当的位置上，所谓人地相宜吧。所以，吉宗的用人观在日本封建时代里也非常新鲜，他取得的成果也多。

松下认为，人们的精神和肉体彼此都不同，才能和特长也不同，因此，只有把他们放在各自适合的位置上，才能使人根据自己的特长发挥出最大的作用来。从这种意义上讲，**人地相宜才能活用人才，造就幸福**。不仅如此，适当的人才放在适当的位置上，才能最有效地尽其职责，从而对他人都很有益处。大冈越前守在江户做执政官时，是非常注意使用人才的，他在江户深得人心。

人地相宜可以使自己和他人都得到幸福。因此，**领导用人时，一定要充分考虑不同人的特长，尽量使他们各得其所**。此外，领导本身也要不断地问问自己：自己是否果真是适当的人才？还有没有比自己更合适的人才？如果对一个小兵没有做到人地相宜，影响可能会小些；但如果对一员大将任用不合适的话，可能会导致全军覆没。

因此，可以说，领导者应该时常考虑使自己和他人都人尽其才，各得其所。这非常重要。

2. 发挥专长，人尽其才

一个社会中，如果每个人能充分地发挥他的专长，这个社会一定会愈来愈繁荣，人们的生活会愈来愈充实。换句话说，物尽其用、人尽其才后，人们的物质生活和精神生活都会更充实，如此才能创造更幸福的生活。

遗憾的是，在当今社会中不是所有人都能够充分发挥专长的。**“人尽其才”的意思是，每个人都在自己的岗位上充分发挥自己的专长和能力。**举例说，若有一个人有丰富的经验，能力强，有领导才能，适合担任主管，而委派给他这个职务，就能达到人尽其才的理想。但是，如果他具备这些条件和专长，却以年轻或历练不够为理由，不委派这个主管职务给他。依许多人的观念，担任主管只有年纪大的人才合适。这样就可能埋没了年轻的人才。所以，如果经验和能力是考虑主管人选的因素的话，那么，只要有担任主管职务的专长、特质或有发展的潜能，就应不论职务高低而委派给他。

认为年轻人不适合当主管，是有失公允的看法。人们要有开阔的胸襟，改变这种狭隘的观念。无论年纪大或年纪轻，只要发现某人具备某项职务的专长或气质，就应委派这项重职给他。换句话说，**“才干”是考核人才的标准，年纪并不重要。**如果人人都这么想，人尽其才的理想就容易实现了。

人们具有开阔的胸襟，就会抛弃狭隘的看法，就会改变对工作的不正确认识，从而选择合适的工作，发挥自己的专长或才干，使人力资源得到充分运用。

只要每一个人都有开阔的胸襟，必能发挥自己的专长，过着有意义的生活，社会就会繁荣、进步。

3. 尽其所长，各就其位

要想提拔人、使用人，如果不采取科学的方法是不行的。如果有力气大的人、有手巧的人，那么就让力气大的人去干力气活，让手巧的人去干细致活儿。只有这样，才能使他们都各施其用。如果相反地使用他们，大家都会觉得很为难，工作也难以取得成果。

这种情况，一般就把它称为人尽其才，适当的人才放到适当的位置。这对人才本身来说，自己的特长得到了发挥，当然是很高兴的。对使用者来说，因工作有成果，当然是好事。所以，**人尽其才不论对自己还是对他人都是有好处的**。因此，这样的思想方法对使用人是至关重要的。

要做到人尽其才，一定得从看到人的各自特点开始做起，只有看到了某个人的固有特点，对其有了了解，才能考虑灵活运用其特点。如果不看到人的特点，只根据自己的好恶，凭自己的感情去判断的话，就很难做到人尽其才。

人都有这样或那样的长处，所以，**能够使人的长处得到发展是很重要的**。我们每个人都要有这种眼光。在日本，有这样一个故事。

在楠木正成的家臣中，有个人叫“哭泣男子”。他擅长哭，而且若是一哭开，周围的人也都受到感染而跟着哭。所以，别的家臣都讨厌他待在家中，在一次战斗中，正成看到自己将要战败，就让擅哭的家臣像僧人一样坐下，装成极其悲痛地祈祷亡者冥福的样子。这个家臣哭得极其逼真，敌人完全相信正成战死了，也就放心了。事过不久，正成利用敌人不备，进行了一次偷袭，取得了大胜利。

一个爱哭泣的男子，作为一名武士是不合适的。可正成认识到其特点，在战争中适时应用其特点，果然取得了成效。从这里，我们可以看出作为名将的正成的这一做法与认识到人的特点并把其放在适当位置上的想法是相通的。

在现实生活中，由于论资排辈及其他消极观念的存在，要想做到人尽其才是很困难的。然而，要认识不同人的不同特点，然后尽可能利用这些特点的做法是很重要的。

4. 适人适位，专岗专责

完善有效的人力资源的开发，就是“让合适的人在合适的岗位上”。

要想做到“让合适的人在合适的位置上”，必须做好人力资源的规划和开发，这样既可以保证人力资源管理活动与公司的战略方向和目标保持一致，促使人力资源管理各个环节、各个阶段相互协调、相互衔接，又可以为公司增加无形资产。而对人力资源进行管理，主要分为两个阶段，那就是在来公司前和人员来公司后。想搞好人力资源管理，必须在两个不同阶段都做好工作。

做好员工来公司之前的工作，主要是指做好招聘工作。要做好这个工作，主管人事的部门先就应该做好计划，做到对要招聘人员的数量和质量都心中有数，使得一旦真的招人时，不致太过随意。

在招聘人员的时候不能任人唯亲，不能任人唯熟，这自是不待多言的。但这仅仅是最低要求。要想真的在合适的地方放上合适的人，这可是一个花钱、花时间的过程。你需要对要什么样的人有充分设想，而且在现在的人拥有充分的求职经验时，还必须透过他的应聘技巧，看到真实的他。当然，你还必须花大量的钱登招聘广告，吸引尽可能多的人来应聘。然后，花大量的时间，对尽可能多的人进行考察，这样才可能找到真正合适的人。

美国西南航空公司的经验值得借鉴。

西南航空公司是该行业中唯一一家持续赢利的公司，公司连续获得美国交通部颁发的最佳顾客服务奖、最佳准点航班和最佳行李搬运奖。西南航空公司的总经理，曾被《幸福》杂志评为美国最佳总经理。

该公司的总经理非常重视招聘工作。他常常提醒公司的管理人员，哪怕是只有一个分公司要招一个人，也要把它作为事关整个公司前途的重大事情来抓。他坚信：“我们要雇佣素质最好的人，教他们所需要的任何技能。”只有这样，整个公司才能由最好的人组成，做出最出色的成就。

如果有人想对此事稍有放松，他都会加以纠正。一次，公司要在一个叫阿马利罗的小镇上找一个客机代理商。人事部门的经理在面试完34个人却还没有找到合适的人选后着急了，他找到总经理，抱怨为这34个人的面试已经花了不少钱。他是想就此将就着挑一个人也就算了。可总经理却说，为找到合适的人选，面试184个人也不要紧。在他看来，人是公司一切发展的源头，如果污染了这一源头，下游的一切都会逐渐被污染。因

此，没有必要在招聘问题上节约钱、时间或人力。

这种将招聘人才视作企业其他事情源头的说法似乎有些耸人听闻，不过想一想也是的，如果每次招来的人都是凑合着用的，那长此以往，企业的未来又在哪里呢？

当然，仅仅说说重视招聘工作，而没有从细节方面加以认真考察，那么在思想上再重视也是没有用的。**面试时除了考察所需专业要求的具备条件外，还要注意细节问题**。这些细节应包括应聘者接人待物的态度，是否具有严谨的态度、良好的习惯等（这从一大群应聘者中谁能将自己刚刚坐过的椅子还原之类的小事就可以看出来）。另一重要之处就是要看看应聘者的性格，看看他是否具有本行业所要求的职业素质，以及是否符合本公司的文化传统。

比如，有一家企业，要求职员特别懂得谦逊和尊重他人，因此，如果申请者要求接待员停下自己手中的事，先来接待自己时，那么这种自命不凡的举动，将决定他“不被雇佣”。

有的企业却强调要“雇佣有激情、善应变、充满活力的人”。因为这是一个变化万千的世界，**为获得有创新意识的人，有的企业甚至不惜走极端，雇佣一些怪人**。英国的一家销售服务公司的总裁卡瑞·韦泽斯，被称作英国的沃尔特·迪士尼，他就是靠一些不同常理的事件吸引顾客，大发其财。他认为，自己制胜的关键在于“和许多狂热的分子打交道”，一有需要就雇佣他们，如果他们确实像他想象的那样优秀，就立刻把他们提到很高的位置。事实上，正是这些人靠想象力为企业带来了它原来未曾有过的发展。

有的企业希望雇佣有经验的人，这样，他一到企业就可以立即投入工作，而不需进行培训。现在，我国的招聘广告上就常有“有相关工作经验者优先”的字眼。

有的企业却希望要些毫无经验的年轻人，以充分保留和发挥他们的想象力。这在国外的一些企业比较常见。百事可乐公司之所以能保持年利润250亿美元，就在于他们常常雇佣一些20来岁的年轻人，让他们担起重任。

当然，究竟要用一些具有什么样特性的人，是由不同的企业从事的不同行业，以及不同的具体情况决定的。

但是，**不论企业需要哪一种类型的人，你都需要尽量了解申请者的真实性格特征和能力倾向**。做到这一点很难，但作为企业这一招聘方，则至少要尽力做这方面的尝试，比如说进行尽可能涉及范围广的谈话，进行从个人兴趣到国际大事、漫无边际似的聊天等。此外，企业为了解申请者是否具有本企业要求的特质，还可以进行职业倾向测试，看一看他的性格、潜力等是否是本企业所需要的。

只有投以重视，注重细节，注重自己要求的特质，企业才能从申请者中寻找和发现最合适的求职者，并放到最合适的职位上。

但一般说来，管理者并不太可能一步到位地把人才放到最合适的地方，这就需要企业的管理者在完成招聘的任务后，继续进行考察工作，待考核完成后，再作调整。

百事可乐公司就是这样做的。用公司总裁卡洛威的话来说，公司管理者的任务就是“操纵人的方向盘”。卡洛威制定了各类人员的能力标准，每年他要不断地在分公司中巡回，与部下进行交流，主持多次业绩考核。如果经过考核发现某个人不符合他的职位所需的要求，他就会提醒该人进行改进。经过一段时间以后，再进行考核，如果已达到要求，第二年就会按惯例提高要求。

第七章

放权用人：充分发挥员工的才智

天高任鸟飞，海阔任鱼跃。企业经营者善于放权任人，就能充分调动起部属的积极性，使其为企业贡献聪明才智、忘我工作，这是企业家成功用人不可或缺的原则。

一、放权用人：调动下属的工作能动性

权力是一种领导资源，用得好又用得活，权力会发挥积极的正能量；用得死或不敢用，权力会成为限制领导力发挥的负面因素。放权任人的领导者是高明的、善于用权的领导者。

1. 放权也是重要的用人之道

唐玄宗李隆基即位初期，任用姚崇、宋璟等名相，整顿武周以来的弊政，推动了社会、经济的发展，出现了著名的“开元之治”。在这个时期，李隆基还是很讲究用人之道的。

有一次，姚崇就一些低级官员的任免事项向李隆基请示，连问了3次，李隆基不予理睬。姚崇以为自己办错了事情，慌忙退了出去。正巧高力士在旁边，劝李隆基说：“陛下继位不久，天下事情都由陛下决定。大臣奏事，妥与不妥都应表明态度，怎么连理都不理呢？”李隆基说：“我任崇以政，大事吾当与决，至用郎吏，崇顾不能而重烦我邪？”

这番话，虽然是批评姚崇用小事麻烦他，实则是放权于姚崇让他敢于任事。后来姚崇听了高力士的传话，就放手处理事情了。史载，姚崇“由是进贤退不肖而天下治”。

从以上这个事例可以看出，**放权也是用人之道之一**。分析起来，放权用人至少有以下积极意义：

- 可以充分调动部属的积极性，使部属放开手脚工作；
- 可以克服部属对领导的依赖思想，激发其创造精神，提高独立工作的能力；
- 减少请示报告等工作程序，可以提高工作效率；
- 可以使领导者从事必躬亲中解放出来，集中精力抓好大事。

能否做到放权用人，反映了一个领导者是否相信部属。有的领导者做不到放权用人，关键的一个问题是对部属不放心，怕部属乱用权力，

怕部属把事情办糟等。对人有怀疑你就莫用，用了你就不要怀疑，这也是用人的起码道理。所以，**要做到放权用人，就要解决好相信部属的问题。**

能否做到放权用人，也反映了一个领导者能否正视手中的权力。一方面，有的领导者把权力看作是个人的私有财产，作为谋取私利的手段，因而把得紧紧的，“寸权必留”，这是非常错误的。任何一个领导者手中的权力都是人民给的，绝不是个人的私有财产，权力运用得好，把人民的事情办好，人民就会继续给你权力；否则，滥用权力，以权谋私，人民定会剥夺其权力。以权谋私，可以得逞于一时，但不可能长久。另一方面，也有的领导不懂得权力集中与分散的辩证关系，认为做领导的有绝对的权力，才有绝对的威望，也才能把工作干好。实际上，任何事情都充满了辩证法，“过犹不及，物极必反”。权力的集中与分散是相辅相成的，不可走向极端。

《孙子兵法》的作者孙武也是主张用人必须放权的，他在《九变》中提出了“将在外，君命有所不受”的杰出思想。他在论述权力的行使应以什么为准则时说：“战道必胜，主曰无战，必战可也；战道不胜，主曰必战，无战可也。”（《地形》）就是说，战与不战，一切以能否取胜为准，而不能受制于君主的命令。这就要求将帅们“进不求名，退不避罪，唯人是保，而利于主”（《地形》），即一切从国家根本利益出发，毫不考虑个人的名利安危。

有些企业领导喜欢在工作上大包大揽，希望每件事情经过他的努力，都能很圆满地完成，得到上司、同事和下属的认可。这种事事求全的愿望虽然是好的，但常常收不到好的效果。

(1) 你的精力不允许你这样去做

因为一个人的能力是有限的，就算是你每天拼死拼活去努力，事实上，部门内大大小小各个方面你总会有照顾不周的。何况，你如果总是这样，天天如此，一个人的生理能力是有极限的，你迟早会被累垮。

(2) 巴掌再大遮不住天

整个部门并不是你一个人的，你的下面还有许许多多不同等级的人员，你把所有的事情都做了，那么，他们又去干什么呢？而且，许多人会对你的这种做法滋生意见和不良情绪。他们会感到自己在部门之内形同虚设，毫无意义，而对你的专断独裁耿耿于怀，认为你是一个权力欲极强的人。更会有一些松垮成性的下属，会因为凡事都由你过问或代劳，而养成懒惰、工作消极的毛病。更为重要的是，**长期的懈怠会使他们疏于思考，遇到稍微困难的问题就无法解决**。部门整体的活力和创造力降低了，失去了生机，极不利于部门的发展。

你如果想少做一点儿得不偿失的事情，那么，在上任之后，你首先要花一些力气摸清情况，了解每个下级工作人员的特点，调动他们的积极性，根据每个人的实际能力，安排适合他们的工作，授权于人。

做好了这一步工作之后，你再去让他们调动他们之下的工作人员的积极性，安排适合每个工作人员专长的工作。这样，以此类推，一级又一级，每个工作人员都将获得他们相对满意的工作，谁都不会再因此发牢骚、闹情绪，整个部门上下都在努力地工作。这不是一种省心又省力的方法吗?

2. 用人之忌：揽权不放

用权与放权是管理学上的重要课题。凡要进行管理，便必然涉及权力的运用。权力在领导者身上，他们把不同的权力授予不同的下属，这些下属便按照领导者的授权行事，运用企业的资源等。得不到授权，下属就不得采取任何行动。

权力带有命令及引导两种性质。领导者需要命令，下属在权力架构中受到领导者一定范围内的支配，下属需要服从命令。**领导者也可以经由引导的方式，发挥员工的能力，使之按照企业的目标行动。**

一方面，领导者拥有权力，他可以授权下属行动和运用资源。领导者所以具有权力，在于下属工作上的利益操在领导者手上，领导者代表了企业，企业给予员工薪酬、福利，及各种生活保障。下属需要让领导者高兴，要能够为领导者分劳分忧，才可以获得报酬，甚至令报酬增加。

另一方面，领导者也不能全然揽着权力，而需要放权给下属，而且不得不放权给下属。

领导者放权给下属，主要是由于企业的事务有大有小，在时间管理上，领导者应优先处理最重要的事情，但却还有很多较不重要的步骤或者各样琐碎的事情，自己并没有足够的时间把各样事情都处理妥当，工作无限，但时间和精力却有限。因此，他自己会负责一些重要事务，而把较次要的事务交给下属员工。“交给”的过程，也就是授权的过程。

企业有很多事务，需要同时处理，领导者自己一个人分身不了。比如，一方面有重要的来电需要接听，另一方面有顾客来访，自己一人办不了两件事，自然需要下属帮忙。这样，领导者也是进行授权。

还有一种情况，就是**领导者根本就没有处理某些工作的能力，因而必须授权，把权力和责任一起交给下属**。比如，某些建筑公司的领导者是建筑专业出身，他自己便具有直接处理建筑工程事务的专业资格。另外一些建筑公司的领导者，却不是建筑专业出身，没有直接处理建筑事务的能力，这时他就需要具有建筑专业知识的下属，监察他们的工程建设进程。所以，他需要做出授权，把自己应付不了的事情，授权有这方面才能的下属去办。

又比如，目前网上业务正竞争激烈，汰弱留强。从事网上生意的企业，一定要有计算机技术支持，但这些企业的高层领导者，却不一定具有这方面的专业能力，他们可能是影视传媒的才子，也可能是长于金融的专家，常在电视台上讲有关股票投资，或是管理人才，或是其他类型的企业家，但却不一定是计算机专才。因此，他们就需要授权具备计算机专业技术的下属负责网上的计算机技术事务。

3. 放权的理念支持

要做到放权，必须有正确的理念支持；否则，领导者就可能不愿意放权，不敢放权，或者放权后又忧心忡忡，对下属多方牵制。能促使放权的理念主要有以下几种。

（1）下属是你工作的伙伴

下属是创造资产的主要因素，要实现这个梦，必须大家一起投入才行。**善待下属，给予下属实质上的照顾，也给予一些精神上的鼓励，这对**

安定军心是有帮助的。下属能安定，乐于永久和企业一起奋斗，企业才能稳定成长。

(2) 每位下属都期望得到领导者的赏识

若下属的心理期望得到领导者赏识的话，就是做到精筋力尽也值得一搏。每位下属都渴望取得领导者的信任与爱戴。授权，就是领导者对下属肯定的具体实践。

(3) 让下属拥有学习的机会

人不是生下来就会做事，管理上的任何事情都是学来的，即使是领导也如此。你一定要让下属有学习与犯错误的机会，由错误中吸取教训，学习经验。当然，任何错误都会造成企业或多或少的损失，但若你担心下属犯错，让企业遭受损失，不敢让下属去尝试，则下属永远无法进步，企业要成长哪有可能？有的人多一事不如少一事，少做少错，不做不错，这对企业来说显然是不利的。

(4) 精心教导下属——下属犯错，在所难免

任何人不可能样样事都会做，企业的许多事得由下属来办，必须有心栽培值得信赖的有潜力的员工，耐心地教导他们。**刚开始学习难免发生错误，致使企业蒙受损失，但只要不是太大，不会动摇企业，就把它当作训练费用**。待一段时间之后，下属已有足够的经验与智慧去应付事务，就该大胆地授权给他，让他去做主，去发挥。如此，企业才留得住可用之才，这也是一个企业永续经营之道。

4. 领导者为何多半视授权为畏途

领导者大致都能了解授权的好处，但是他们却多半视授权为畏途，其原因不外以下几种：

- 担心下属做错事；
- 担心下属工作表现太好；
- 担心丧失对下属的控制；
- 不愿意放弃得心应手的工作；

● 找不到适当的下属授权。

从管理学的角度而言，以上五个理由都难以成立，分析如下。

①担心下属做错事的领导者，内心里所真正担心的，恐怕不是下属做错事的本身，而是怕被下属做错事所连累。这一类领导者一方面对下属欠缺信心，另一方面又不愿意为下属受过，所以有如唱独角戏那样凡事皆亲力亲为。固然下属难免做错事，但若领导者能给予适当的训练与培养，做错事的可能性必然减少。**授权既然是一种在职训练，管理者自不能因怕下属做错事而不予训练，反而更应提供充分的训练机会以避免下属做错事**。

②不可否认，有些领导者因担心下属锋芒太露，或“声威震主”而不愿授权。但是从另一角度看，下属良好的工作表现可以反映领导者的知人善任与领导有方，所以领导者功不可没。

③只有领导力薄弱的领导者在授权之后才会丧失控制。在授权的时候，倘若领导者划定明确的授权范围、注意权责的相称，并建立追踪制度，就不会担心丧失控制。

④基于惯性或惰性，许多领导者往往不愿将得心应手的工作授权下属去做。另外，有许多领导者基于“自己做比费唇舌去教导下属做更省事”的理由而拒绝授权。这两类领导者的共同缺陷，即是将他们有限的时间与精力，浪费在他们本来可以不必理会的工作上，而使需要经由他们处理的事务无法获得应有的重视。任何一位领导者管辖的工作，大体上均可区分为 5 种层次：其一，领导者必须躬亲进行的工作；其二，领导者必须躬亲履行，但可借下属帮忙的工作；其三，领导者可以进行，但下属若有机会亦可代行的工作；其四，必须由下属进行，但在紧急关头可获得领导者协助的工作；其五，必须由下属进行的工作。在正常情况下，领导者对第 3 层次以下的工作应授权下属进行。

⑤“找不到适当的下属授权”，常被一些领导者当成不愿授权的借口。任何下属都具有某一程度的可塑性，因此均可授权予以塑造。就算真的找不到一位可以授权的下属，仍是领导者的过失，因为倘若员工的招聘、培训与考核工作做得不差，又岂会有“蜀中无大将”之理？

由以上的分析可知，**授权根本不是“能不能”的问题，而是“愿不**

愿”的问题。

5. 小权分散，轻松自在

作为企业领导，并不意味着他什么都得管，应该大权控制、小权分散，**做到权限与权能相适应，权力与责任密切结合，奖惩要兑现。**

什么都干的领导是什么都干不好的。记住，当你发现自己忙不过来时，你就要考虑自己是否干了些应该由下属干的事情，你就要考虑是否应该向下属放权。

许多人喜欢命令下属去干事，以显示其领导地位。“你今天要给我把这份文件写好，并且打印三份。”这种命令的口吻多少让下属有些不快。

作为领导，应该多发问，少命令。

发问可以使下属觉得他也是公司的一部分，他在为公司的工作而努力，这比为某一个人卖命好一些。那么，前面的命令可以转换为以下的发问：“我们急等这份材料用，你看今天能写完并打印三份吗?”

虽为领导有时会遇到一些事情是超过自己权限的，而且对此业务也不太熟悉，这样的事不该管。管不好的事情干脆不管。聪明的你不会如此受累不讨好。

领导遇到的事有大事，有小事，要全力以赴抓大事。大事就是全面性、根本性的事。对于大事，领导要抓准、抓好，一抓到底，绝不半途而废。一般说来，大事只占领导所遇到的事的20%，您以100%的精力，处理好20%的事情，当然会轻松自如了!

只要做领导，无论是刚刚上任，还是已经做了很长时间，一定会面对许多事情要处理，但千万不要认为，把自己搞得筋疲力尽、忙得不亦乐乎才是最佳的选择。**轻松自如的领导善于把好钢用在刀刃上，功夫用在诗外，厚积而薄发，不失为上策。**

二、有效放权的准则与方法

领导放权，绝非是轻易地把权力交给下属那么简单。放权者既要清楚应该把权力交给什么样的人，又要做到不能放而不理，而要有适度制约、监察考核，掌握抓大放小、各司其职的放权技巧。

1. 权力应该交到谁的手里

在确定放权之后，有一个重要的问题需要解决好，即权力应该放给谁。以下几类人都是领导者放权的对象。

(1) 忠实执行上司命令的人

一般说来，**领导下达的命令，无论如何也得全力以赴，忠实执行**。这是下属干部必须严守的第一大原则。

如果下属的意见与领导的意见有出入，当然可以先陈述他的意见。陈述之后，领导仍然不接受，就要服从上司的意见。

有些下属在自己的意见不被采纳时，抱着自暴自弃的态度去做事，这样的人没有资格成为领导的辅佐人。

(2) 做领导的代办人

下属必须是领导的代办人。纵然领导的见解与自己的见解不同，领导一旦有新决定，下属就要把这个决定当作自己的决定，向部下或是外界做详尽解释。

(3) 知道自己权限的人

下属必须认清什么事在自己的权限之内，什么事自己无权决定。

绝不能混淆这种界限。如果出现某个问题，而且又是自己权限之外的事，就不能拖拖拉拉，应该即刻向领导请示。

越过顶头领导与上级领导交涉、协调，等于把领导架空，也破坏了命令系统，应该列为禁忌。非得越级与上级联络、协调的时候，原则上也要先跟顶头上司打个招呼，获得认可。

当然，不少事情无须一一向领导报告。但是，原则上可称之为“问题”、“事件”的事情，还是要向领导提出报告。

报告的时机因其重要程度的不同而有所区别。重要的事，必须即刻提出报告。至于次要的或属日常性事务，可以在一天的工作告终之时，提出扼要的报告。

(4) 勇于承担责任的人

有些下属在自己负责的工作发生差错或延误的时候，总是举出一火车的理由。这种将责任推卸得一干二净的人，实在不能信任。

下属负责的工作出现差错，不管原因何在，下属必须为差错负起全责。他顶多只能对领导说一声：

“是我工作不力，认真不够。”

如果领导问起差错的原因，必须据实说明，千万不能有任何辩解的意味。

有些下属在领导指出缺点的时候，总是把责任推到部属身上，说：“那是某某干的好事。”如此归咎于部属，都是不该有的现象。把责任推给部属，并不能免除他的责任。一个下属必须有“功归部属，失败由我负全责”的胸怀与度量才行。

(5) 不是事事请示的人

遇到稍有例外的事、部属稍有错失……或者旁人看来极琐碎的事，也都一一搬到领导面前去指示，这样的下属，令人不禁要问：他这个下属是怎么当的?

下属对领导不该有依赖心。**事事请示不但增加了领导的负担，下属本身也很难“成长”。**

应该让下属拥有执行工作所需要的权限。他必须在不逾越权限的情况下，凭自己的判断把分内的事处理得干净利落。这才是领导期待的好干部。

(6) 经常请求上级指示的人

下属不可以坐等领导的命令，他必须自觉做到：

请领导向自己发出命令；

请领导对自己的工作提出指示。

如此积极求教，才算是聪明能干的下属。

(7) 提供情报给领导的人

下属与外界人士、部属等接触的过程中，经常会得到各种各样的情报。这些情报，有些是对公司有益或是值得参考的。干部必须把这些情报谨记在心，事后把它们提供给领导。

自私之心不可有。向领导做某种说明或报告的时候，有些干部习惯于把它说得有利。如此一来，极易让领导出现判断偏差。尤其是影响到其他部门，或是必须由领导做出某种决定的事，下属在说明、报告时必须遵守如下原则：

不可偏于一方；

从大局出发，扼要陈述。

(8) 领导不在时能负起留守之责的人

有些下属在领导不在的时候，总是精神松懈，忘了应尽的责任，比如，下班铃一响就赶着回家，或是办公时间内借故外出，长时间不回。

按理，领导不在，下属就该负起留守的责任。当领导回来，就向他报告他不在时发生的事以及处理的经过。如果有代领导行使职权的事，就应该将它记录下来，事后提出详尽的报告。

(9) 准备随时回答领导提问的人

当领导问及工作的方式、进行状况或是今后的预测或有关的数字，他必须当场回答。

好多下属被问到这些问题的时候，还得向部下探问才能回答。这样的下属，不但无法管理部属与工作，也难以成为领导的辅佐人。**下属必须随时掌握职责范围内的全盘工作，在领导提到有关问题的时候，都能立刻回答才行。**

(10) 致力于消除领导误解的人

领导并非圣贤，也会犯错误或是发生误解。事关工作方针或是工作方法，领导有时也会判断错误。

领导的误解往往波及部下晋升、加薪等问题。碰到这种情况的时候，下属千万不能一句“没办法”就放弃了事，他必须竭力澄清领导的这种误解。

(11) 向领导提出问题的人

高层领导由于事务繁忙，平时很难直接掌握各种细节问题。能够确实掌握细节的人，一般非中下属莫属。因此，下属应向领导提出所辖部门目前存在的问题，以及将来可能遇到的问题，同时一并提出对策，供领导参考。

2. 集权与授权的准则

作为企业领导者，**在权力的运用上，应掌握集权与授权的准则。**

(1) 集权与分权的对比和划分

集权是指组织中的一切事务的决策权均集中在领导手中，部下的一切行为措施必须按照领导指令、决定去办。分权则是指部下在其管理的范围内的一切措施均有自主决定权，不必请示领导，而领导对其下属权限内的事项也不随便加以干涉。这是两种极端的情况，实际上是二者兼而有之。

集权若发挥得好，有如下优点：政令统一，标准一致，力量集中，有利于统筹全局。集权如果发挥得不好，也有极大缺点：只能照顾一般不能顾及个别，领导会滋长专制独裁，部下则缺乏主动性、积极性和创造性。分权如果发挥得好，有以下优点：能较好地发展个性和特长，较灵活地应付局势的变化，下属可积极主动地工作，领导也容易避免独裁。分权如果发挥得不好，会产生以下弊病：不利于统一指挥协调，难以形成合力，容易滋长本位主义。

集权和分权的划分应当依据以下原则：

- 可能损失原则。凡后果严重的，可能影响全局的，可能造成较大损失的，应由领导决策。
- 责任范围内原则。一项重大决策需由领导承担法律责任的，应由领导做决策。
- 决策范围原则。凡需做出一致规定的，指导全局工作或规范全体成员行为的，应由领导决策。
- 监督考核原则。凡属应由上级对部下工作进行监督考核的，要由领导决定。
- 任务性质原则。各部分任务性质相同的内容，为保持政令统一，宜由领导决定。

（2）授权的技巧性原则

授权，就是领导者根据情况将某些方面的权力和责任授给下属，使其在一定监督之下，得到一定的自主权而行动。授权的形式和方法有以下两种。

①一般授权。这是领导者对部下所做的一般性工作指示，并无特定指派，属于一种广泛事务的授权。这种授权可分三种：

一是柔性授权。领导者对被授权者不做具体工作的指派，仅指示一个大纲或者轮廓，被授权者有很大的余地做因时因地因人的相机处理。

二是模糊授权。这种授权有明确的工作事项与职权范围，领导者在必须达到的使命、目标方向上有明确的要求，但对怎样实现目标并未做出要求，被授权者在实现的手段方面有很大的自由发展和创造余地。

三是惰性授权。领导者由于不愿意多管琐碎纷繁的事务，且自己也不知道如何处理，于是就交给部下处理。

②特定授权。这种授权也叫刚性授权，领导者对被授权者的职务、责任及权力均有十分明确的指定，下属必须严格遵守，不得渎职。

（3）避免授权中的偏向

在授权过程中，除了要注意上面的原则外，下面三种情况要特别注意防止：

一是不可把授权当成推卸责任的“挡箭牌”。现实中有些领导者不知“士卒犯罪，过及主帅”的道理，错误地认为授权后，事情自有被授权者全权负责，领导者可高枕无忧了，这是非常错误的。须知，**领导者在授权时必须彻底，但对于授权后部属所做的一切事情，仍然要承担起责任**。诸葛亮误用马谡，失守街亭，班师回来自上书引咎自责，请求贬官三级，以负“用人不当”的责任。诸葛亮这种严于律己、勇于承担责任的精神实在令人敬佩。

二是不可又授又不授。有的领导者在授权时总放心不下，总对部下有疑虑，经常干涉被授权者，阻碍着权力的正常行使，结果，搞得下属很被动。还有的领导者授予下属的权力与下属所负的责任极不相称，使下属面临“责大于权”的状况。如有一位厂长委托一名工程师去与外商谈判，而不授予其最终“拍板”的权力。

三是不可越级授权。领导者不可把中间层的权力直接授给下属，这样做，会造成中间领导层工作上的被动，扼杀他们的负责精神，久而久之，会形成“中层板结”。**如果出现中层领导不力的情况，领导者要采取机构调整或者人员任免的办法解决中层问题。**

授权，只能逐级下授，切不可越级授权。

3. 如何给下属授权的三个构成要素

所谓给下属授权，是指将分内的若干工作交托给下属去做，授权行为本身是由三种要素构成的：第一，工作指派；第二，权力授予；第三，责任创造。现分述如下。

(1) 工作指派

在授权过程中，工作的指派，向来最为领导者所强调。不过，一般领导者在指派工作时，往往只做到令下属获悉工作性质与工作范围，而未能令下属了解他所要求的工作成效。这一点可以被视为管理过程中的一大败笔。因为一旦下属对领导者所期待的工作成效不甚了解，则其工作成果不够水准，即使超过水准，从人力资源有效运用的观点来看，这两种情况都是不好的。其次，并非领导者分内的所有工作均能指派给下属进行。比如，目标的确立、政策的研拟、员工的考核与奖惩等工作，都是领导者维持控制所不可缺少的，因而它们均需领导者躬亲为之，而不得假手他人。

(2) 权力授予

在指派工作的同时，领导者应对下属授予履行工作所需的权力。这就是“授权”两个字的由来，主管所授予的权力应以刚好能够完成指派的工作为限度，倘若授予的权力超过所执行工作的需要，则势必将导致下属滥用权力。

根据当代管理学者哈维·施而曼的看法，授予的权力大小可以分为6个层次：

- 审视这个问题，告诉领导者一切有关的实况，领导者将自行制定决策；

● 审视这个问题，让领导者了解含正反意见的各种可行途径，并建议其中的途径供领导者取舍；

● 审视这个问题，让领导者了解你希望怎么做，在领导者同意之前不要采取行动；

● 审视这个问题，让领导者了解你希望怎么做，除非领导者表示不同意，否则你可照你的意思去做；

● 你可采取行动，但事后应让领导者知道你的所作行为；

● 你可采取行动，而不需要与领导者做进一步的联系。

以上6个层次，第一个层次所授予的权力最小，但是它所期待履行的任务也相对最轻。第六个层次所授予的权力虽然大到令下属可以独断独行，但这并不排除领导者对所授的权力进行必要的追踪、修正，甚或收回的可能性。

（3）责任创造

领导者对工作指派、授权后，仍然对下属所履行的工作的成效负全部责任。这即是说，**当下属无法做好指派的工作时，领导者将要承担其后果，因为前者的缺陷将被视同后者的缺陷**。可是，有些领导者在下属无法做好指派的工作时，却企图将责任推卸在下属身上，这种做法显然是不对的。每一位领导者应保持这样一种态度：“权力固可授予，但责任却无可旁贷。”另一方面，为确保指派的工作顺利完成，领导者在授权的时候必须为承受权力的下属订下完成工作的责任。下属若无法圆满地执行任务，则授予权力的领导者将唯他是问。

4. 只需下达目标，不必布置细节

一位非常认真负责的领导，每次分派工作，从开始到结束，事无巨细，指示得非常具体详细，如布置会议室，放多少把椅子，买多少茶叶、水果，会标写多大的字、找谁写、用什么纸，等等。开始部下尚能接受，时间一长，大家就不太情愿了，感到他像个喋喋不休的老太太一样，管得太细、太严了。

其实，有很多事，只要向员工下达工作目标就可以了，不必布置细节。如让员工推销一批商品，主管只要告诉他销售定额和经济合同法的一些知识就可以了，没必要告诉他到哪家商店去、进门怎么说、出门怎么道别；叫部下编制一套管理软件，只提要求就可以了，没必要告诉他使用哪种语言、怎么编。**管理到一定程度就可以了，过度的管理反而弄巧成拙。**

首先，过度管理妨碍部属积极性的发挥。本来解决问题的途径有100种，主管的方法不见得是最好的，员工有好主意、好办法，但主管早安排好了一切，也只有照办。员工失去了参与和发挥潜能的机会，势必挫伤积极性，时间一长，就会养成不动脑子、一切依赖领导的“阿斗”作风。只有没有进取心的员工才欢迎这种领导。一位心理学家说过：“对创造者来说，唯一最好的刺激是自由——有权决定做什么和怎么做。”**主管越俎代庖无异于一把心锁，锁住了人的想象力、创造力，锁住了积极性。**

其次，过度管理不利于培养、锻炼员工的实际工作能力。许多主管不信任部属的能力，怕员工把事办糟了，像溺爱子女的父母，左嘱咐，右嘱咐，连出门带卫生纸的小事都吩咐了。这不利于部属成长、锻炼，不利于提高工作能力。因为**人不在大风大浪中摔打一番，是不会成熟、提高的。**一般来说，主管的水平、工作能力要比部属高，指令也科学、合理，过细的指令使部属少走许多弯路，可部属绝对感受不到主管为开辟捷径付出的代价，或者说，员工感受不到通向捷径路上的荆棘坎坷。没有这些感受，员工就是没见过世面的“弱智儿”。

作为领导，少操点闲心，少管点小事（只管大事），千万别好心办“坏事”。当然，要做到**既让部属发挥积极性，又能“遥控”，这个“度”要掌握好。**

三、授权于人的智慧和艺术

授权是放权中的一种形式，是指暂时的、短期的放权。企业领导要具有授权的智慧，掌握授权的艺术。

1. 放权并不等于放任

一些领导者因担心放权他人会危及他的职权，事无巨细都要自己揽起来，吃力不讨好，影响工作效率。并不是说，放权以后就放任不管。**聪明的领导者，都知道如何授权他人并仍保持控制。**

在领导面临的所有工作中，除掉无关紧要的工作，剩下来的有两种：一种是你作为领导者所必须做的，另一种是你的部下应该做的。

下一步就是把所有部下能做的工作恰到好处地委派给他们。这是唯一能使你避免在细节问题上耗费精力，而又在不影响最终效果的情况下减少工作时间的办法。

在放权部下的同时，领导者还需要建立一种适当控制手段，即发生什么差错时能立刻采取补救措施。这种控制手段包括以下 4 点：

- 确信部下是训练有素的、称职的，能干好你安排给他的工作；
- 不是一下子，而是一步步逐渐地给他责权；
- 当他进行新的工作时，纠正他的错误，表扬他的成绩；
- 在关键的时候，你能马上插手，制止任何可能出现的严重错误。

2. 对下属的权力运用进行考核监督

上级对下属放权后，要加强对下属权力运用的考核监督，使下属正确运用职权，避免滥用职权。

为此，要从本企业实际情况出发，制定行之有效的考核监督制度，使上级对下属的考核规范化。

对下属的监督考核，必须注意“反馈”，即所谓“反馈面谈”，指考核人员在考核程序基本完成以后，反过来与被考核单位和被考核人员进行单独面谈。通常是考核人员在基本结束评定工作后，不立即把考核结果同被考核人员的实际待遇结合起来，而是与其开展面对面的恳谈，从中了解考核过程中未掌握和未弄清的情况，及时修正结果。这样，可以使考核更加全面，结论更加准确，评价更加公正，而且可以促使被考核单位或工作人员及时修正自己的行为，纠正自己的错误。

任何监督考核还必须注意适度问题，即所谓“适度制约”。这种适度主要表现于以下几方面。

(1) 节奏适度

“委任不一，乱之媒也；监察不止，奸之府也。”**任何监察考核，在正常情况下，不可接踵而至，而应有“节奏”地进行，或一年一次，或两年一次，不可太繁**。当然，在发生问题或某种需要时，亦可及时进行。

(2) 宽严适度

“水浊者鱼敛，令苛者民乱”。“严刑峻法，使直言者获重谴；日日讲聚敛，使百姓生机愈困，则天下事不堪得矣！”若制度过严，监察过酷，“跋前走后，动辄得咎”，则必使一些小错者身受重责，而人孰能无错？如此而使众人受刑、受罚，则民心必乱；反之，制度过宽，监察过松，则也形同无制，不起作用。所以，古人曰：“夫火烈，民望而畏之，故鲜死焉；水懦弱，民狎而玩之，则多死焉，故宽难。”可见，宽严适度之重要。

(3) 时效适度

任何制度的有效时间应视情况变化而定。过短，则“朝令夕改”，使人们无所适从；过长，则制度法令僵化，有碍事业发展。正确的做法为：应视事业发展过程的重大变化、客观情况的重大变化而及时修订规章和制度，正所谓“琴瑟不调整，甚者必解而更张之”。情况既变，制度难行，必得“解而更张”，彻底变更。

(4) 内容适度

首先，制度内容既不可过细，也不可过粗，过细则“摇手触禁”，谨小慎微，不利于人的创造性的发挥；过粗则举措无所禁忌，必放任自流。其次，内容应根据各单位、各岗位、各行业情况的不同而确定，力避雷同。

3. 授权遥控巧用人

授权遥控，是领导者必须掌握的一种十分重要的用人谋略。它的确切含义是：**在用人行为中，领导者通过授予下属一定的权力，并对下属实行有效的监督和指导，来达到遥控下属的目的。**这种通过用人授权来实现遥控指挥的用人谋略，就叫作授权遥控谋略。

传统的用人模式，我们可以称之为授鱼式的使用方式，即下属想吃鱼，领导者就送给他几条鱼；这次吃完了，下次又伸手要，领导者再酌情给，如此循环往复，以至无穷。显而易见，这种僵化、落后、保守的用人模式，尽管能把下属牢牢控制在领导者手里，但是它却严重扼杀了下属的积极性和创造性；同时，势必加重领导者的工作负担，使领导者整天陷于不能挣脱的繁重事务之中，为之付出高昂的代价。

现代新的用人模式，则与传统的用人模式截然不同，我们可以称之为授渔式的使用方法，即下属想吃鱼，领导者并不送给他鱼，而是向他传授捕鱼的方法（渔），只要下属学会了捕鱼的方法，他就能自己去捕鱼吃，当然也就不用向领导者伸手要鱼了。

不言而喻，采取这种科学的、先进的、灵活的用人模式，不仅可以充分发挥下属的积极性和创造性，使他获取更多的社会效益和经济效益，而且领导者也可以挣脱繁重的管理事务的束缚，处于相对超脱的状态，从而便于集中精力对下属实行更加有效的管理、控制。

由此观之，**授权遥控，关键在于以下两点：第一，正确授权（授渔）；第二，授权后的遥控（不能失控）。**

要做到上述两点，领导者在运用授权艺术时，就必须牢记以下诸点要诀：

①在将下属放在某个工作岗位上，或者交给他某一项任务时，领导者必须首先想到，根据完成这些工作任务的需要，应该授予下属哪些权力，并且根据这些权力，进一步规定相应的职责和利益。

②除此之外，领导者不妨再向下属多问一问：你还想得到哪些权力？只要下属提的要求是合理的，就应该尽量予以满足。

③授予下属权力的方式，不再是你要一点，我给一点；或者我给一点，你接一点，而是由领导者与下属共同研究、制定一整套科学合理的规章制度（包括目标管理、成绩考核、信息传递、合理奖惩等），将下属需要的责、权、利规范化、制度化。

④授予下属的权力，既要保持相对稳定，不得根据长官意志随意更改，又应根据形势的发展变化和完成工作任务的实际需要，适时做一些必要的调整。

⑤教育下属改变过去那种只对上级负责的传统观念，重新树立由上级和下属共同对工作负责的全新观念，从而上下拧成一股绳，更好地发挥下属的积极性和创造性。

⑥在向下属授权时，最好事先检查一下：在这些授给下属的权力之中，是否混杂着少量有害的权力、多余的权力——当然不是只对领导者有害，而且也对下属自身有害，对实现管理目标有害。**凡是有害的权力，必然是多余的权力，**只要一经发现，就应该坚决将其剔除。

⑦在领导者向下属划定的权力范围内，应该鼓励下属大胆用权，或者说，将上级制定的政策用够。这样做，将极大地激发起下属的积极性和创造性。

⑧应该设法使每个下属成为领导者的手的延伸、脚的延伸、眼的延伸、耳的延伸，但切勿成为脑的延伸。因为这样一来，下属就成为地地道道的领导者的傀儡了。正确的做法是，在智力上，应该使下属与自己形成脑的叠加或互补，最大限度地发挥人才群体优势，从而使下属成为企业富有朝气和生命力的“细胞”。

⑨授权行为一经完成，领导者对下属的行动计划就不要横加干涉。这时候，领导者唯一需要做的，就是对下属实行适时的引导，并对下属完成任务的情况进行最后核查。

⑩为什么有的领导者在授权之后，能对下属实行有效的遥控，而有的领导者在授权之后，却失去了对下属的控制呢？其中一个主要原因，就在于是否建立健全了畅通无阻的信息传递渠道，能否对下属及时进行必要的引导和核查，核查之后是否给予下属适当的奖惩。

⑪所谓引导，应该是一种充满民主气氛的协商，而不是居高临下的命令。既然领导者为下属划定了用权范围，那么，在这一法定的用权范围内，下属就完全可以根据自己的判断，来做出相应的管理决策。为此，领导者必须记住这一点：**除非遇到下属明显脱离正常轨道的特殊情况，作为上级领导，一般不宜再向下属下达强制性的命令。**

⑫在核查情况时，有的领导者只对结果感兴趣，有的领导者只对过程感兴趣，还有的领导者对过程和结果都感兴趣。这些，都不甚重要，诸位完全可以悉听尊便。需要提醒的是：作为上级领导，你为什么不对下属的用权方式感兴趣呢？要知道，唯有抓住这个环节，你才能正确划定在采取下一步行动计划时究竟应给予下属多大的权力范围。

⑬应该准确划定下属的权力范围，应该以自己的表率行为教给下属用权的科学方法，应该教育下属以权谋公，不得以权谋私。这些，都属于广义的授渔范畴，也是每个领导者应尽的神圣职责。核查时，则应该相应检查下属是否存有越权现象、用权方法是否科学、用权方向是否正确。这同样是每个领导者应该认真完成的例行公事。

⑭糊涂的领导者只知道对优异的核查结果表示满意，唯有精明的领导者才知道应该首先对畅通无阻的核查渠道表示满意。因为**只有畅通无阻的核查渠道，才能确保提供真实的而不是虚假的优异结果。**

⑮随着下属捕鱼能力的逐步提高，领导者将会发现，他向自己请示工作的次数明显减少，但请示工作的质量（提出问题的深度和难度）却越来越高，上、下属之间配合也更加密切了。面对这种可喜的现象，领导者应该意识到，下属分明已经学会捕这种鱼了，是否可以教给他捕另一种鱼的方法，让他再提高一步呢？

授权遥控的要诀很多，奥妙无穷，当领导者有朝一日发现：

- 自己已经从繁忙琐碎的领导事务中挣脱出来，处于相对超脱的轻闲状态之中；
- 自己始终对下属执行任务的进展情况了如指掌，成竹在胸；
- 自己很少找下属了解情况，而通常由下属主动来向自己汇报工作；
- 每当自己设法引导下属修正某一行为轨迹时，总能在融洽的协商气氛中，实现自己的预定目标；
- 站在自己面前的下属，毫无战战兢兢、唯唯诺诺的奴才相，而是挺直腰板，充满朝气，敢于向自己要政策、要权力、要职责的自信的人。

倘若实现了上述5点，那么，领导者就完全可以心安理得地说：自己运用授权遥控谋略成功了！

4. 掌握授权与控制的分寸

《韩非子》里有这样一则故事：

鲁国有个人叫阳虎，他经常说："君主如果圣明，当臣子的就会尽心效忠，不敢有二心；君主若是昏庸，臣子就敷衍应酬，甚至心怀鬼胎，但表面上虚与委蛇，然而暗中欺君而谋私利。"阳虎这番话触怒了鲁王，阳虎因此被驱逐出境。他跑到齐国，齐王对他不感兴趣；他又逃到赵国，赵王十分赏识他的才能，拜他为相。近臣向赵王劝谏说："听说阳虎私心颇重，怎能用这种人料理朝政？"赵王答道："阳虎或许会寻机谋私，但我会小心监视，防止他这样做，只要我拥有不致被臣子篡权的力量，他岂能得遂所愿？"赵王在一定程度上控制着阳虎，使他不敢有所逾越；阳虎则在相位上施展自己的抱负和才能，终使赵国威震四方，称霸于诸侯。

领导者在授权的同时，必须进行有效的指导、控制。**领导者若控制的范围过大，触角伸得太远，这种控制就难以驾驭。**如何做到既授权又不失控制呢？下面几点颇为重要。

(1) 评价风险

每次授权前，领导者都应评价它的风险。如果可能产生的弊害大大超过可能带来的收益，那就不予授权。如果可能产生的问题是由于领导者本身原因所致，则应主动校正自己的行为。当然，领导者不应一味追求平稳保险而像小脚女人那样走路。一般来说，任何一项授权的潜在收益都和潜在风险并存，且成正比例，风险越大，收益也越大。

(2) 授予"任务的内容"，不干涉"具体的做法"

授权时重点应放在要完成的工作内容上，无须告诉完成任务的方法或细节。这可由下属人员自己来发挥。

(3) 建立信任感

如果下属不愿接受授予的工作，很可能是对领导者的意图不信任。所以，领导者就要排除下属的疑虑和恐惧，适当表扬下属取得的成绩。另外，要着重强调：**关心下属的成长是领导者的一项主要职责。**

(4) 进行合理的检查

检查有以下的作用：指导、鼓励和控制。需要检查的程度决定于两方面：一方面是授权任务的复杂程度，另一方面是被授权下属的能力。领导者可以通过评价下属的成绩、要求下属写进度报告、在关键时刻同下属进行研究讨论等方式来进行控制。

(5) 学会分配“讨厌”的工作

分配那些枯燥无味的或人们不愿意干的工作时，领导者应开诚布公地讲明工作性质，公平地分配繁重的工作，但不必讲好话道歉，要使下属懂得工作就是工作，不是娱乐游戏。

(6) 尽量减少反向授权

部下将自己应该完成的工作交给领导者去做，叫作反向授权，或者叫倒授权。发生反向授权的原因一般是：下属不愿冒风险，怕挨批评，缺乏信心，或者由于领导者本身“来者不拒”。**除去特殊情况，领导者不能允许反向授权**。解决反向授权的最好办法是在同下属谈工作时，让其把困难想得多一些、细一些，必要时，领导者要帮助部下提出解决问题的方案。

(7) 审查并改进授权的技巧

美国一位著名的管理专家提出了10个方面的问题，领导者可以定期用这些问题来审查、改进授权的技巧。

- 你（指企业经理）不在办公室时，办公室的工作是否混乱？
- 你外出回来时，是否有本来应由部下做的工作等待你去处理？
- 你能按规定的时间实现目标或完成任务，还是必须把工作带回家或在办公室里加班才能完成任务？
- 你的工作是从容不迫、有节奏地进行，还是经常被那些需要征询你的意见或决定才能办事的人所打断？
- 你的部下是否把“矛盾上交”，让你去做应该由他们自己去做的决定？
- 你是否觉得自己的工作负担太重，而部下的工作又太少？
- 你是否认为没有时间培养部下？

●你是否真的认为公司的报酬制度，如工资、晋升、提级制度等，能使部下承担较多的责任？

●在你领导的人当中，是否有人在你来之后辞去工作？

●你是否真的想把工作委托给别人去做，还是觉得自己最能胜任这项工作？或者扪心自问一下，是否害怕某个部下干得很出色，会“超过自己”而不愿意授权？

第八章

区别对待：“特殊员工”的任用之道

金无足赤，人无完人。不同的员工在性格、脾气上以及在对待工作上的态度、表现都是不相同的。对性格、脾气以及在对待工作上表现“特殊”的员工，企业领导者要善用其长，补其所短，不拘一格使用他们，这样将会使企业人气旺盛，促进企业事业发达。

一、特殊类型，区别对待

世界是多彩的，员工在对待工作上是千差万别的，概而言之，除了正常的类型外，主要还有这么几个特殊类型：工作情绪不稳定型、“硬汉子”型、循规蹈矩型、勤奋而低效率型。对这些不同特殊类型的员工要区别对待，用不同的方法调动其积极性，提高其工作效率。

1. 如何对待工作情绪不稳定的员工

有些员工作情绪不稳定，忽冷忽热，“热”起来时埋头苦干，废寝忘食，成绩也非常出色；但“冷”起来时，又散漫松懈，毫无斗志。

这类员工大都视工作为磨难，在工作中寻不到乐趣，但他又不会轻易丢开工作，因为工作是他谋生的手段。

这类员工往往没有吃苦精神，没有挑战困难的勇气，而对享受垂涎三尺，并精通“玩”之道，凡能使他得到乐趣的地方，他都不惜代价，亲自去体验一番。

但这类员工也有他的优点，如性格开朗，惹人喜爱，并且重感情，善交际。

对于这样的员工，领导者该如何正确使用？

稍有头脑的领导者心里都会有数，这类员工不能不用，但也不宜重用。

理由很简单，这类员工尽管略有才能，并且善于交际，但情绪不稳定，易受外界的影响，往往在关键时刻不能当机立断、勇往直前；在遇到困难时，往往束手无策，怨天尤人，不能毫无惧色地直视困难。因此，委以重任，恐其也无力担当。

但这类员工并非无用之才，如能量体裁衣，给他选择一种适合他的岗位，挖掘他的潜力，他能够做出成绩。

当然，事物也不能一概而论，有些情绪不稳定的人也确是可塑之才，若领导者开导、栽培得当，也能使其成为企业栋梁。

2. 善待“硬汉子”型员工

这里说的“硬汉子”，是指那些在工作上很有做人原则，不轻易接受失败的人。这类员工个性很强，有自己独立的见解，他们性格直爽、坦诚，说话从不拐弯抹角。

这类员工一般不受领导者喜欢，因为他爱当面提意见，并且毫不含蓄，批评领导也不避讳，常使领导感到难堪。

这类员工头脑清晰，思维敏捷，遇事果断。他从不会被困难吓倒，往往具有“明知山有虎，偏向虎山行”的精神，他相信人能征服一切艰难险阻。他不会因一时的挫折而情绪低落、一蹶不振，他相信乌云之后必是晴天。

这类员工优点很多，但在企业内的日子并不好过，那些懒散员工憎恨他，那些无才无学的人妒忌他，那些阿谀奉承上司的人疏远他……遇到称职的领导者还好，若遇到专制昏庸的领导者还会给他穿小鞋，使他这匹“千里马”找不到用武之地。

所以，称职的领导者不但会用这种人才，还会栽培、改造他，给他一些私人辅导，使他在接人待物、应付人际关系方面掌握一定的技巧。

有许多称职的领导者，在选择自己的接班人时，往往把目标对准这种“硬汉子”。领导者无论年轻、年老，总有要退位的那一天，**如何选择、安排接班人，是判断一名领导者是成功还是失败的标志。**

一位成功的领导者，不但会识人，而且会正确地用人，他是绝对不会浪费一个人才的。

对于那些有才有识但性格耿直的“硬汉子”，成功的领导者不会计较他的直言不逊的，因为他这种下属的才识，才是他最器重的，“千军易得，一将难求”。

作为领导者，一定要善待那些有才但也有缺点的人，这对他的事业的发达非常有用。

3. 如何使用循规蹈矩的员工

有些员工天生缺乏创意，喜欢模仿他人，做人、处世的方法和语言都按照别人的样子，既没有自己的主见，也没有自己的风格。在工作上没有现成的规矩，他就不知该如何行事。

这类员工往往在工作上没有突破性的发现，对新事物、新观点接受得较慢。

这类员工墨守成规，实际情况发生变化时，他不知道灵活适应，只是搬出老皇历，寻找依据。世界上的事物瞬息万变，但这种人不知以变应变，因此，他们难以应付新事物、新情况。

这类员工缺乏远见，也没有多少潜力可挖，他的发展水平存在局限，他一生中难以超越局限。因此，这种人不宜委以重任。

但这类员工也有他们的优点，他们做事认真负责，易于管理，虽没有什么创见，但他们一般不会犯原则性的错误。**一般的事情交给他们去办，他们能够按照领导的指示和意图进行处理，往往还能把事情做得令领导万分满意，难以挑剔。**

所以，领导者如能把一些不违常规的琐事委任于这类人，他们能够按照领导者的指示，模仿领导者的做事风格，搬用领导者的做事方法，把事情完成得非常符合要求，因而也就能令领导者放心、满意。

4. 如何使用勤奋而低效率的员工

有些员工非常勤奋地工作，仿佛时间从来都不够用一样，上班时最早到公司，而下班时，别人都走了，他们还埋头工作。他们不知疲倦，如同蜜蜂采蜜一样，忙忙碌碌，丝毫不敢怠慢一点。但检查起他们的工作效率来，却令人吃惊，他们的工作效率极低。

这类员工往往非常热爱自己的工作，视工作为生命，视工作为乐趣，他们不管工作成绩如何，因为工作过程本身已经给了他们很大乐趣。

这类员工一般不爱搬弄是非，也不爱出风头，他们是一心一意地埋头自己的工作，对于工作以外的其他事绝不多问。这类员工的缺点是对于他工作范围以外的事，即便是举手之劳，他也决不去多动一下，他只对自己的工作倾注全部精力。

这类员工还有一种弊端，做事不分先后、不分主次，只晓得见工作就做，不晓得思考如何做得更合理、更科学一些，常常是该办的事情没办，不那么紧迫的事情却优先办了。

在他们心中，把工作做好便是至高无上的目标，其他的问题一概不管。

对于这类员工，有的领导者对之冷漠，但大部分领导者还是会喜欢他们的，确切地说是同情。对于一个如此为自己拼命卖力的人，领导者如不赏识器重，似乎从良心上感到有点过不去。

当然，这类员工不能不用，因为他们兢兢业业、废寝忘食的工作精神可做大家的楷模，这种人应多给予表彰，物质上和精神上都要给予奖励，但也仅仅是奖励而已，绝不可贸然提拔他，他绝对不是做管理者的料。

所以，**领导者一定要正确使用这类员工，多称赞他们的工作精神，给他们安排做一些烦琐但又无关紧要的工作，**因为他们确是"老太太赛跑，精神可嘉"，除做这些琐碎事以外，别的却也难以承担。

5. 如何使用自以为是的员工

有些员工天生活跃，性格开朗、乐观、大胆，敢于打破常规，认为天下没有做不了的事，但他们又爱以自我为中心，不喜欢听别人的劝告，总以为自己的方法永远是正确的。

这类员工在工作上对自己充满信心，对所有的事情都采取攻势，并且采用全攻型的方法去处理事情。

这类员工对新东西尤其感兴趣，并且总要探个究竟。

这类员工相信自己的一切能力，也深信荀子的"人定胜天"，他们会认为主宰自己命运的就是自己。

这类员工发展到极端就是个人崇拜主义，这种人爱犯的错误就是极端冒险主义。这种人往往只注意到自己，而不顾及他人情绪，因而极易引起大家的反对、不满。

领导者使用这种人时，应该认真扶持，让他们从事开发新产品、研制新东西等发明研究之类的工作。

6. 如何对待争强好胜的人

争强好胜者有他积极的一面：凡事不肯服输，不甘落于人后，总想争一流，总想干出点样子来等；但争强好胜的性格也有消极的一面，易于走向极端，可能因过于紧张而累垮自己，可能给家庭的稳定带来消极影响，可能妨碍他人卓有成效地工作等。

对待争强好胜者，不可以同样的咄咄逼人的态度，或者以其人之道还治其人之身的方法、让他们尝尝自己所酿的苦酒，而应该一方面从正面引导他们，肯定他们积极的一面，并为他们创造条件，让他们充分发挥自己的才能，从而促使企业发展，给社会创造财富；另一方面，找准适当的机会，指出其消极的影响，以帮助他们克服自身的缺陷，从而不断发展、完善。

7. 以诚相待城府深的员工

所谓城府深的人，指的是那种不愿让别人轻易了解其心思，或知道其在想什么、有什么要求，总是通过各种方式保护自己，深藏不露的人。这种人往往说话不着边际，对任何问题都不作明确表态，经常含糊其辞，环顾左右而言他。

这种人最让领导者头疼，和这种人打交道，常常是很难沟通的。由于很难知道他们真正的想法，领导也不愿把自己的内心世界向他们敞开，而是有所保留，甚至对他们有所防备。

城府较深的人通常有以下几种情况：

首先，他可能是一位工于心计的人。这种人为了在与别人打交道时获得主动，或者出于某种目的不愿让别人了解自己，而把自己保护起来。这种人还总希望更多地了解对方，从而在各种矛盾关系中周旋，使自己处于不败之地。

其次，他也可能是一位曾经经受过挫折、打击和伤害的人。过去的经历使这种人对社会、对他人有一种强烈的敌视态度，从而对自己采取更多的保护。

还有一种情况是，他可能对某些事情缺乏了解，拿不出有价值的意见。在这种情况下，为了掩饰自己的无知，以未置可否的方式或含糊其辞的语气与人交往，装出一种城府很深的样子。

对第一种人，你应该有所防范，警惕不要为其所利用，成为他的工具，不要让他得知你的底细。

对第二种人，则应该坦诚相见，以诚感人。这种人并不是为了害人，而是为了防人。你对他不应有什么防范，为了真正达到沟通的目的，甚至可以对他敞开你的心扉。

对第三种人则不要有什么太高的期望，也不必要求他提供某种看法或判断。

总之，**对某些城府较深的人，如果你不得不与之打交道，则应该真正加以区分，看其属于哪一类人，然后确定自己的行为方式。**

如果领导者想提拔这类人时，必须对他们进行成熟教育，指出其弱点，使他们逐步自我完善。

二、不同性格、不同秉性的员工，应对有法

1. 对不同性格的员工的不同管理方法

不同的员工具有不同的性格，对于不同性格的人应采取不同的管理方法。

人的性格可以分为许多种类，如果喜怒于色的是感情型，那么，不人表现出喜怒的，便是非感情型。如果活动力强，则是行动型。如果是行动型而且容易把感情表现出来的，是行动感情型；行动少却容易把感情表现出来的人，为非行动感情型。

作为企业管理者应当试着看看各种类型的心理表现，以确定对不同性格员工的不同管理方法。

(1) 猛烈型（积极行动感情型）员工的管理方法

猛烈型员工是与任何人都合得来的员工，为他人燃烧活力，能够坚持自己的信念，不随波逐流；关心家人，重视学校及乡邻关系；做什么事都不半途而废，一旦插手就坚持到最后。一般来说，这类员工是保守主义者，看见别人有困难，绝不会坐视不顾，必会施以援手。其自尊心很强，

看不惯自己的家人或自己信赖的人遭人责难，不过一旦心情不好马上会暴跳如雷。

与这种类型的人接触的时候，首先必须守时守信，有约会时要早些出门。想跟他交涉业务时，就算一次不能成功，也要持续不断地努力，终有一天能得到对方的信赖。在有风暴雨时，或是夜深人静的时候去拜访他，更能提高他对来访者的信赖度。

这种类型的人向往名誉和地位，并不在意微小的利益；希望与众不同，如果能拥有与别人不一样的事物时，便会非常兴奋。

因其重视同乡和长辈，所以，要与这种类型的人接近，若通过他所重视的人介绍最具效果。静下心来倾听这种类型的人喋喋不休的谈话也是非常重要的。

(2) 情绪型（消极行动感情型）的管理方法

情绪型员工情绪易变，性情不定，也有在初次会面时就能相处愉快的。反过来说，见过一次面后，觉得不顺眼而令人嫌恶的也大有其人。他们善于言谈、表情丰富，容易使对方觉得快乐，一旦心血来潮，整天喋喋不休；对于顺眼的人，不但会在工作上加以协助，亦会帮助他渡过难关，是重义气的人。

截止到昨天为止你感觉还进行得不错，因此认为此后情况也会很好，但事实却会令你失望了，他会因微不足道的事而生气，一旦心情不好，做什么都不对劲。

与这种类型的人谈话时，如果话题是他所擅长或常接触的，则多半会遭到他的厌恶。比如，他如果从事与设计有关的工作，如果提起服装之类的话题，他就觉得不高兴。

这类人下班之后，有种想要远离工作的潜在意识，如果和他谈与工作全然无关的事，像高尔夫或者足球等，话题就可以逐渐热烈起来。

(3) 慎重型（积极非行动感情型）的管理方法

这类员工基本上具有见异思迁的性格，情绪容易起变化，向往新奇古怪的东西，注意力很强却不能持续，犹豫难以下定决心；欠缺行动力，可是一拿商品给他看，马上就能决定买或不买。

在感情上，这类员工对刺激的、新奇特殊的东西感到有兴趣；同时，做许多事时，容易手忙脚乱。

强烈又易变化的感情，妨碍了精神上的集中，使这类员工容易说谎，而且，常变成口不饶人或者尖刻的批评家，常抱怨、不满，有时非常暴躁。

同这类员工交往，需大费周章，不容易马上建立双向的关系。

他们不喜欢谈论自己专业的事情，如果是兴趣或专业之外的话题，就比较好些。有向他人夸耀知识的心理，专业摄影家就是这类人的典型。他们与其说是对此感到快乐，倒不如说是想向他人夸耀的心理在作祟。

(4) 浪漫型（消极非行动感情型）的管理方法

这类员工不容易兴奋，因为个性内向，不会轻易把感情表现出来，容易感到孤独，但能与特定的亲友保持热烈的情谊；不喜欢变化，对于回忆或旧习惯感到亲切可爱；一旦心怀怨恨，一辈子都忘不掉；但如果愿意的话，是个誓言效忠、至死不渝的人。

正因如此，这类员工如果和某个人结成知交，便很少再分开，不能接受失望或分裂；感情如果破裂，则心中将悲痛得难以言喻；重视以往的"交易"，也重视知己及长辈的劝诫。

在他忙碌的时候去访问，他不但不能好好应付，而且容易造成他的不快。首先看看他的表情，当他正在气头上时，向他打招呼他亦会不加理会。感觉有点不对时，就不要继续对他们访问了。

一般来说，下午 2 点到 4 点之间是最顺利的时机，这类员工亦较能静心听他人说话。

对这类员工，即使在工作的交谈中，也容易偏离主题，所以，必须随时把谈话拉回主题。

(5) 现实型（积极行动非感情型）员工的管理方法

这类员工不太容易感动，是需要经过考虑之后才有所反应的类型；警戒心强，接到名片时，一定会仔细地把名片跟人对照一下，观察力敏锐；不说与工作无关且无用的话，一开口便询问来访者的目的。

这类员工可以当机立断地回答"好"或"不"，要是认为有钱可赚的话，就会接受来访者的条件；要是认为无利可图的话，马上就会拒绝；任凭你怎么努力去说明，希望改变他的心意，都是徒劳无功的。

这类员工想到什么就会马上去实行，或者想到好主意，马上就想尝试看看；是以自我为中心的人，任何事要是不能达到预期的结果，就觉得不中意。

这类员工在家中不喜欢老是坐着不动，总是来回走动；朋友不多，不会乱花钱，更绝对不会去奉承别人。

对这类员工说话，不如开门见山。这类人，满脑子尽是很实际的东西，他会把脑海中所描绘的东西，拿来与眼前的东西作比较。用言语说明，倒不如使用画或图形更能说服他。

这类员工把工作与休闲区分得很清楚，不喜欢把工作带回家里去做。

会谈最初的5分钟，对这种人来说是很重要的。要是在这5分钟内没有令他产生兴趣或关心的话题，日后就算用再多的时间来说明也没有用了。

(6) *形式主义型（消极非行动非感情型）的管理方法*

这类员工常常把自己关在“象牙塔”中，不轻易把真实的自己表现在外；处理任何事都很形式化，一般只从事工作上的交际往来，之外的事一概拒绝，把工作与休闲区分得很清楚。

这类员工反应很冷淡，从来不把因对方为自己所做的努力而感到高兴的事说出来，很少开口说话。在了解他之前需要花费相当的时间，即使经过漫漫岁月亦无法和他有进一步的亲近。他不能体会别人的心情或感情，感觉非常迟钝。

这类员工是对什么事都不太介意的人，烟蒂从烟灰缸掉出来也不要紧，手表慢了亦无所谓。

这类员工努力于工作而不任意行事，是安全主义者；也没有勇气去大肆改变行为方式，是守旧主义者。

与这类员工接触的方法，就是听取前任、同事的意见，了解其人品是很重要的。

2. 对不同秉性的员工的不同应对方法

我们对在现实生活中所遇见的人，可以直接地去感觉、判断，是什么类型的人、他心中在想些什么。以下想要说明的，就是这种巧妙的应对法。

(1) 尽说道理的人

喜欢说道理的人，大多不喜欢运动或很少有嗜好；就算自己不了解，也喜欢大加议论，滔滔不绝；一旦无法令人信服，也会再想一些歪理来纠缠不休。但用道理来管理这种人，多半是行不通的。

"虽然我不了解，但我能够体会出来"，或者"确实是这样，让我再想想看"。**如果他说了这样自相矛盾的话语，最好马上改变话题。**

对喜欢讲道理的人来说，报纸上的新闻或经济问题等是最适合的话题。但如果你提出了正确的看法，多半会被回以相反的意见。不论别人的见解多么正确也不会被同意，这就是这种类型的人的性格之一。若对方的道理和自己的道理能相契合，就很容易被驾驭；但稍有不同时，就不是这么简单的事了。

(2) 吹毛求疵的人

吹毛求疵的人，多半会对长辈或上司持有不满的态度，想出头的愿望很强；惧怕上司，对下属却很严厉。这种人希望自己的权威或地位、职业等受到别人的尊敬。

因此，**管理这种类型的人，首先要把他的权威、地位、能力给予最高的评价，才是获得他信赖的捷径；**遵守日期或约定是最基本的，话题亦仅限于工作上；一提起有关其他公司的情报或公司内部的第一手消息，多半能引取他的关心。喜欢听信谣传或丑闻的正是这种类型的人。

(3) 疑心病重的人

这种人对他人抱持不信任态度，很不容易接纳并依赖他人，个性多半带点神经质。应对这种类型的人，可以多加奉承，谈事则开门见山，但不要过分拍马屁。

他对任何事都会考虑到，怕其中隐藏着什么问题，所以就会批判对方，甚至会发表对对方不利的意见。“确实是这样吗？但这弄错啦！”“在这一点，有好的一面，当然也有不好的一面。”

(4) 神经质的人

这种人在谈话中很留意周围的事物、玩弄桌上的东西。对这种神经质的人，首先你得考虑一下，如营造说话的气氛、说话的方式是非常重要的。

首先，端端正正地坐在椅子上，两手交错，但不可跷起二郎腿。递上香烟，缓和一下对方的情绪，也不失为一个好方法；或者早点把事情提出来，在说话当中，不要插入工作之外的话题，如此较具效果。

神经质的人，对于对方的表情或者周围微小的变化，都会分神去留意。因此，对他讲话时要很有自信，等他一讲完话之后马上接下话题，这是很重要的。**不要留给他考虑的余地，避免暧昧不清的话，清楚地说出“是”或“不是”。**

(5) 不易接近的人

这类人在同人说话时，只随声附和“是”、“的确如此”，是一种非常难以接近的人。其大致可分为两种：

在性格上，这类人内向、消极，对人保持高度的警戒心。对于戒备心强、内向消极的人，把对方的嗜好当作话题，或把平常与这类人亲近的人带入话题中，谈论此人所熟悉的人物，也是不错的方法。

此外，这种不易接近的人，令人意外的，竟多半有自己特有的爱好或兴趣，试着去听听，可由不同的人来打开话题。当中有许多人专研围棋、书法、盆栽等。

(6) 自卑感强的人

自卑感强的人任意推卸责任，把手捂住嘴巴微笑的人大多是自卑感强烈的人。为了不让对方看出自己的弱点，有时会过分地赞许对方，奉承对方。

这类人有心理障碍，大多有身体上、才能上或社交上的障碍。如果最怕触及的话题是身体上的障碍的话，避开有关身高、体重、头发等的话题会比较安全。

与自卑感强的人交谈时，把自己当作呆子也无所谓，或在宴会上先出来表演即兴节目，好好地闹一场。

这种人绝不会说"我去过了土耳其"这样的话，但他说出来后，却令人们意外地感到轻松。

对于自卑感强的人，人们可采取低姿态，借此除去他心理的障碍，使他容易处于优越的心理状态。

（7）善变的人

这类人心情好的时候什么都好，但稍有不如意的事马上情绪大变，说一句"不要再提那事"之后常改变话题。这种类型的人在性格上多半善于交际，喜欢照顾人。一般来说，只要被灌"迷魂汤"、有所请求时，这类人通常不会拒绝别人。

对于这类人的才能或嗜好，给予夸大的高评价来进行谈话，如"实在有困难，就拜托您了，务必帮忙"；或者"非常想听听您宝贵的意见"。如此将更具效果。喜欢边用餐边聊天的，也是这一类型的人。

（8）圆满的人

这类人给人柔和的印象，非常善解人意，个性十分难以捉摸，我们一直以为其相当了解我们的要求，结果常常不是这么一回事。

与这种性格的人谈话，必须把随兴谈起的话题与主要的工作话题清楚地加以区分，比如，"言归正传，今天要谈的事情是……"或"这是非常重要的事情"。像这样叮咛对方，以免尽在题外话上打转。

而且，可以说"关于这一点，一定得听听您的意见"，让他感觉到自己的重要性。这是很管用的。

总是以笑脸迎人，我们就以为他会了解我们所说的话；结果，到最后常会吃闭门羹，所以不得不注意。

（9）性情不同的人

需求得不到满足、对异性非常感兴趣、性情浮躁的人当中，可分为两种类型，其一是个性明朗开放型，话题中会提出有关性的问题，是非常直爽的类型。面对这种类型的人只要彼此敞开心胸，就可以无话不谈。

另外一种是阴险型，平常不太把性挂在嘴上，就算在酒吧或俱乐部，也是一副事不关己的态度。对于这种类型的人，必须注意到机密的事千万不能讲，白天或晚上必须准备完全不同的话题。

(10) 性急的人

性急的人不仅自己的行为非常急躁，甚至也要求对方动作要快。我们常常会在不知不觉中急躁地回答，双方常会误解。这类人常站着讲话，或者一边工作、一边讲话。

因此，**与性急的人谈话时，必须专心致志，或者把谈话的重点记在记事簿上，**就算没带记事簿时，也要假装拿出笔和笔记本来记录的样子。这样一来，对方才会用心回答，而不会急着回答。

与性急的人谈话时，我们还要慢慢地、冷静地来应付，这样才比较有效果。但是如果我们太过于冷静，反而让对方心急，使他更加急躁。

但是如果说了“我也有和这个一样的东西”这种话，则会得到反效果，换句话说，会伤了他的优越感。

有些上了年纪的人，不但对学历，连军队生活都会引以为自豪的人，就是这种类型的人。

就算当时有点不愉快，如果一谈到令他引以为自豪的事时，马上变得笑脸迎人，这也可以说是这类人的心理特征。

(11) 立即翻脸的人

常常生气、发牢骚的人，多半在工作及生活各方面都得不到满足，是太在意结果、操之过急的人；对必须不断说明的事感到厌烦；也不管对不对，任何事都想照着自己的方式去做。

与这种类型的人谈话时，想花时间来说服他是不可能的，把商品、目录或说明图拿到他眼前来交谈才是有效的方法。单凭讲话而想说明一切是不具说服力的。具体地把商品拿到眼前来，用手边接触边说明，才能把他的情绪安定下来。因为他希望不光只是听，而且是要看才安心的。

不过，这种类型的人比较豪爽，即使一脸生气样，事实上并没有像外表那样的可怕。

(12) 优柔寡断的人

态度不明显、优柔寡断的人，大多非常在意对方的情绪，考虑过度的结果而导致无法下判断。另外，与其说这类人是个性谨慎，倒不如说是没有自我主张，才会有这样的表现。

因此，在谈话进行当中，如果提出许多主题会令他无所适从。我们若想了解对方的情绪，可试着把问题集中在两个重点上：

"总而言之，您的想法非常……其中 A 与 B 的方法可考虑看看。"像这样，**向他明确提出两个重要的问题所在，从而找出解决的方法。**

一旦我们也优柔寡断地陷入他的谈话中，情况会更加混乱。而且，在对话中，有必要试着反复不断地叮咛对方自己所说过的内容。

(13) 寡言的人

在彼此交谈中，因这类人沉默寡言，使话题无法深入，其中的原因大概是他们警戒心太强。大凡内向或者对于自己的语言或声音有心理障碍者，才会造成这种情况。

对这种人，我们如果想取悦他是很危险的。配合对方，慢慢地找出话题，花时间详细说明，或者用电话、书信来传达比较有效果。这时候，因为他沉默，把事情说得越详细越好。传达给他精密而可判断的资料，并让他充分了解，这是得到沉默的人信赖的关键！

另外，**让沉默的人说话的秘诀，就是偶尔保持沉默，我们也不要说太多的话**。而且，不要坐在他的正对面，坐在稍微斜对面的位置，不要目不转睛地盯着对方看，这些都是非常重要的。

(14) 不得要领的人

常说一些无关紧要的事，谈话离题的人，大多不愿显露自己真正的意愿。就算不接受我们的要求，他们也大多不会很清楚地表达出来。

这种情况下，我们应让问题明朗化，应该下点工夫探察他的情绪。以迂回的表达方式，使这类型的人能了解自己的心情。尽早看出他的意图，一语道出"您说得对，这正是谈话的时机"。这样善解人意的人反而令人信赖。

这类人的目的到底是什么，可从谈话中旁敲侧击出来。

(15) 冷静的人

这类人不轻易表露感情，总是摆出一副冷静的模样，思索对自己有利益的事，大多拥有强烈的欲望。总之，这种类型的人在冷静外表下，常会考虑如何能获得更多的利益。

与这类型的人谈话时，找出对方目前的愿望或需要，进入对方感兴趣的话题是很重要的。

比如，要是知道对方正热衷于高尔夫球，却无法提升球技时，可试着把达到纯熟球技的方法带入话题中。话题如果是家人，尤其是孩子时，他的情绪马上会变得和缓起来。

因此，**冷静地对待这类难以应付的人时，引导其进入适当的话题，谈话的进展多能出人意料地顺利**。

(16) 语意不清的人

这类人是在谈话中反应迟钝，需长时间考虑才能回答问题的类型，就算有什么厌烦或高兴的事，也不太会表现出来；常把他人的意见挂在自己嘴上，常说“让我好好想想再给您答复”。

与这种类型的人谈话时，不要掉入对方的陷阱中，因其常常以“但是”或“接下来”之类语意不清的话来回答。我们以“×月×日×时，如何呢”，具体把时间说出来，等待对方的答案是很重要的。**把语意不清的答复联结在具体答案上，成为应对这类人的最重要方法**。

(17) 没有主见的人

这类人是那种在被迫作决定时，就搪塞说“那么再好好谈一谈”，或者常常受到他人意见的影响的类型。个性胆怯、不安的人居多。其一旦受到信赖，就变得很好亲近。

要是这类人在迷惑时接受会谈，把我们自己的意见陈述清楚，或者介绍好的谈话对象，会令他非常高兴。**告诉他有关同业的情报，把最近的评论当作话题，多半可以抓住对方的心**。

另外，因为热衷于测字或算命的人也很多，试着把姓名判断术或印鉴之类的事带入话题中，也多能被接受。

这类人中热衷改名字、换印鉴之类大有人在，迷信于吉凶之兆的也为数不少。

第九章

巧妙管理：应对各种“另类”员工

世界上纯而又纯的东西是不存在的。企业总有一些“另类”，总有一些性格怪异的员工，总有一些心理不健康的员工。对此，经营管理者既不能拒绝，更不能害怕，要善于调治“患病”的员工，化消极因素为积极因素。当然，对那些不可救药者另当别论。

一、善动脑筋，巧妙管理“另类”下属

每个企业组织中，既有积极工作、表现出色的优秀员工，也有态度消极、与团队不融洽的特殊员工。领导者对于一些“另类”特殊下属，需要善动脑筋，巧妙管理，从而保证管理的有效性。

1. 对待棘手的下属有高招

所谓棘手的下属，是指那些不服从管理且难以对付的人。这种人到处都有，每一个企业都有，只要你是个领导，到哪里你都会遇到他们，甚至这种人专门和管他的人作对；但对同他没有利益冲突的人还是比较友好的，因此，他有他的势力范围和人际圈子。他们足以在有些问题上与你分庭抗礼。作为领导，更应当明白这一点，世界上的人并非都那么理想、那么可爱，应当心胸开阔地面对这个现实，做好思想准备。也许在无意中，你就会发现个别人已经与你对立了起来。

在一个企业中，难以对付的下属稍微多一点，对领导来说是很不利的。一般来说，1000 个下属中有那么三五个还好对付，这种人再多，麻烦就大了。但是，作为领导，只要努力克服与这种下属的对立意识，也能顺利地指挥他们。

要克服这种对立意识，争取难以对付的人，首先要认真分析为什么会产生对立意识。在一个企业里常会出现这样的情形，有些下属总是不能认真地执行领导者的指示、命令，因此，领导平时就很少把重要的工作委派给这种下属。长此以往，便会在彼此间产生出对立意识，这种人就成了集体的包袱。

在一个集体中出现了“包袱”，上级领导自然会一目了然，他会认为这个集体的领导没有能力；反之，如果你能充分调动难以对付的人的积极性，别人自然会对你做出很高的评价。这种差距往往就决定着你的前途。

领导必须清楚，对于这种棘手的下属谁也不会轻而易举地接收。因此，对于这种人唯一好的办法还是应当考虑如何使用他们，如何让他们积

极工作。

如果领导者对这种下属采取不予理睬，或采取压制打击的方法，必会给自己带来无穷的后患。你不理这种下属，他会同你对立，处处贻误你的工作，拆你的台。你若想打击、压制他们，可好了，他们是“刺猬”，一脚踢上去，恐怕要让你叫苦连天。因此，领导者要学会使用这种棘手的下属。

既然他们是“刺猬”，我们就以“刺猬的原理”来考虑彼此的心理距离问题。我们知道，刺猬是浑身长满针刺的小动物。冬天来临时，若把几只刺猬放在一块，我们就会发现它们会彼此把身体挤在一起。你想想，如果它们靠得太紧的话，就会彼此伤害对方；如果离得太远，就无法取暖。因此，刺猬同刺猬相处有一定的距离。

人们彼此间的心理距离和刺猬之间的距离有些相似，特别是领导者和棘手下属之间的距离非常重要。离得太远，不利于领导；靠得过近，又当心被其伤害。只有在合适的距离内，才能牵好这种下属的“鼻子”。

2. 如何利用依仗靠山行事的下属

你是一个领导者，当你的下属仗着他的靠山在单位里狐假虎威时，你该怎么办呢？他的亲戚正是你的上司，或他的家人在显赫的政府部门工作，你将怎样利用他们呢？

有靠山的下属如果具有能力的话，倒是可以借助他们的威力来促进自己的工作。但领导者自己一定要掌握分寸，千万不要因此而受控于人。**如果这种人没有能力的话，就不要过分地迁就他们。**作为领导者，应掌握一个基本原则，那就是至少不能让他们成为其他下属的负担，一定要注意控制其不良影响。

如果他们没有工作能力，表现不突出，你反倒对他们亲之、任之，这样必然会失去其他绝大多数下属的信任。这是一个领导者很容易犯的错误。如果你认为一个单位就那么一两个人为所欲为不会产生多大危害的话，那就错了。别的下属，一来容易效法他们形成不良之风，二来他们容易看低你的领导能力，使你失掉领导权威。

如果你的下属有能力又有靠山，就证明他教养有素、具有实力。由于他们有靠山，工作又努力，成绩自然会好。你若有这样的下属，就应该注意使用和提拔他们。可以和他们保持亲密关系，但不要当着其他下属的面表现得过于亲切，要时时注意影响。**对于有靠山而没有能力的下属，不能与他们为敌。**对于这些人应给他们一些力所能及的工作去做，但要尽可能不要让其本人感到没有被看重。其他下属也许会说其无能的闲话，尽可能不要让他本人听到。你也可以私下和他们谈谈心，多注重他们的优点，少谈他们的缺点。

3. 如何对待奉承拍马的下属

领导者也是普通的人，与领导者交朋友没什么不对。但是，以提升、加薪等个人私利为目的，用接近、讨好、赞扬等手段追随领导者的人，甚至那些连说话时用词、口气、腔调都模仿领导者的人，是唯唯诺诺、愚昧可笑的小人，这种人被称为马屁精。他有朝一日大权在手时，又会培植出更多的谄媚小人，这些人又会引来更多的小马屁精，最后发展为一些部门的人沆瀣一气，办事说话都一个腔调，他们成了工作散漫、办事没有主见的“木偶”，变成不拨不动的“算盘珠子”。结果，工作效率低下，部门工作慢慢地瘫痪下去。当然，这里应将一些为了保住工作而缓和紧张气氛、赢得别人好感的员工与奉承拍马的人区别开来。

奉承拍马涉及双方，如领导者喜欢下属唯命是从，则奉承拍马就有市场；反之，**领导者反对奉承拍马，马屁精也就无孔可入。**必须杜绝奉承拍马的发生，决不允许这种不正之风蔓延。同时，要求广大员工一方面反对奉承拍马的行为，另一方面加强自身修养，提高自身的素质。

4. 如何使用爱“告密”的下属

爱“告密”的下属深谙企业里面的生存竞争之道，他懂得企业里面人多事杂，大家明争暗斗。他更清楚，有些人是“表面上一盆火，背地里一把刀”，稍不留心，就可能遭到这些人的暗算。因此，爱“告密”的人掌握有自己的一套应付企业内形形色色人的“绝招”。

这种人往往先发制人，以快打慢，以动制静，并且还善于找“后台”来撑腰。这个“后台”就是他的领导。他懂得怎样得到领导的重视。他搜集小道消息或情报报告给领导，让领导能更清楚地了解企业内的实际情况。

这类下属喜欢探听别人的秘密，有点风吹草动便如鹰犬嗅到猎物一样，提高警惕；有点小事爱添枝加叶，描绘得绘声绘色。若一段时间搜寻不到告密的“素材”，这种人就要无风起浪，挑弄是非，制造新闻，向领导交差。

这种人不择手段，不惜任何代价，其目的就是为了取悦于领导，让领导觉得他是心腹，觉得他忠心耿耿。

生活中，有许多领导偏爱这种人，把其当作自己必不可少的得力助手，甚至作为企业的中流砥柱，大有舍此人又有何人能用的气魄。这些领导们了解的企业职员的情况大都来自这样人之口。并且他们还认为，这种获知下情的途径实为一条便捷之道。殊不知，天长日久，他们已和其他下属之间出现了一道鸿沟，“告密者”传递来的信息经过“改编”，已面目全非，因此，领导得到的情况未必是真实情况。

作为精明能干的领导者，他是不会被这种人的雕虫小技所迷惑的，他能以领导者的真知灼见来全面评价这种人的。他知道这种人确实有点小聪明，会要些花招，但在真正的办事能力方面肯定不会突出，否则他就不会去做“探子”，搏上司的欢心。并且，领导还明白，企业上下其他所有的人对这种人除了讨厌唾弃外，再无其他的感情可言。

因此，爱告密的下属尽管在某些领导面前是“大红人”，深得宠爱和欢心，在企业里面耀武扬威，媚上欺下，一副作威作福、迷惑君王的佞臣形象。但这样的下属在精明睿智的领导者面前，往往“绝招”失灵，机关算尽也不被重用，任他要尽花招也难讨领导的欢心。

精明的领导者不会重用爱告密的人，但会发挥他的这种特长，把他安排在无关紧要的位置，用劳动锻炼他，使他懂得：“成功从来无捷径，甘洒血汗苦用功”。

每一位领导者都应牢记：**绝对不能提拔爱告密的下属，否则后患无穷。**

5. 如何对待有优越感的下属

下属的优越感到底指什么呢？高学历、显赫门第、好业绩、好经历等都是。对这样的下属应当充分利用他们，即使他们比你年轻，也应当尊重他们。如果一个领导者对待这种下属方法不正确的话，他们就会把优越感作为资本随时显示出来。这种情势有碍于下属的成长。对待这种人不能用同一种方法，应该因人而异才对。

没有能力而又优越感很强的人，并不是真正的优秀分子。这只能算作一种幻想主义者。对于这种下属自然不能委以重任。

对付既有能力又有优越感的人需要讲究方法。

企业需要有能力的人作为中流砥柱，尊重有实力的人是理所当然的。因此，对于这类年轻人也应该尊重他们。

真正有实力的人不会炫耀自己的学历、门第或经历。只要你能够拿出诚心，肯定他们的成绩，就能和他们成为好朋友。与他们搞疏远或对立，是愚蠢和毫无意义的。而对于那些自以为是的人的吹嘘，只可当作耳旁风。

二、对症下“药”，应对心理不健康的员工

员工的不健康心理，一方面来自个性的差异，另一方面来自工作的压力。作为企业管理者，应当因人而异，对症下药，有的放矢，针对员工的不正常心理状态和不良的情绪表现，采取正确的引导方式和有效的应对方法，以使每个员工都调整好心态，消除不健康的心理，和睦地融入团队中，发挥个人的积极作用。

1. 如何对待刻薄易怒的员工

古希腊哲学家亚里士多德说：“谁都会发脾气，但要针对合适的人，掌握合适的分寸，在合适的时候，本着合适的目的，使用合适的方式，那可不是人人都能做到的，那是不容易的。”如今，在工作单位里、在家中、在公共场所……发怒的人比比皆是，发怒意味着恐吓、强迫别人屈服、让步、听说、认输、俯首帖耳，使其与他人的感情降到次要地位，这是一种不健康、不文明的行为。发怒可以像突然爆发的火山，也可以如缓慢上涨

的潮水，无论采取何种形式，发怒的用意总是威胁和恐吓，对付它的秘诀就是不要害怕。

如果生气是工作上某种原因或具体情况造成的，并不直接牵涉到你，这时可以找一个借口暂时回避。“你也许是对的……我不怪你……”说些诸如此类的话是有益的。气头上的人需要有一个同盟军，你就可以扮演这样的角色，以使对方慢慢平静下来；但事后必须严肃地指出他的不对之处，告诫他以后不可再如此随心所欲。

2. 如何对待猜忌多疑的员工

遇事留神、猜忌多疑的人认为，别人随时都会攻击、伤害他。为了保护自己，这类人的思想总是高度警惕，惶惶不可终日，心里老嘀咕这嘀咕那。在他们的心目中，别人都是两面派和告密者。当然，为了保护单位的或个人的利益不受侵犯，在人与人的交往中，存有一点戒心也许是必要的，但是不信任别人，尤其是自己的同事，那就有害了。研究表明，疑心重、不信任和爱挑刺的人，即使不抽烟、饮酒等，他们的寿命也没有同龄正常人长。医生认为疑心病重的人，心脏病的发病率明显高于正常的人。心理学家说猜忌是不健康的表现。

猜忌的人有这样一些特征：他们永远不会感到满意；无任何理由地警惕身边人；分析问题多从坏的方面去考虑；往往是弱者。提供可靠的信息和有力的事实有助于在一定时间内对付疑心病重的人。对待这样的人不要急于表白自己，要相信他们中有强者也有弱者，弱者也许会认为你心中有愧，强者也许会对你抱有拭目以待的态度。此时不必惊慌，要坚信总有一天会水落石出，真相大白，那时无形之中你的威信反而会提高。

3. 如何对待悲观失望的员工

悲观主义者的一些言行举止，有时会令人可笑，有时又令人可悲。悲观失望的人也许会占用你的宝贵时间，耗费你的精力，模糊你的重要判断，但要记住，悲观主义者尽管千方百计地搜寻事物的阴暗面，他们一般并无恶意，他们只是懦弱，值得同情。那种认为“他们是自作自受”的观点是不对的。

对悲观主义者，不可轻视他们的人生观对你的神经麻痹，松懈你的警惕，使你陷入无所作为的平庸境地。一个集体内，要是某一个人有悲观失望的情绪，就能阻碍整个集体前进。必须注意两种结果：一是这个集体的整体成绩是否欠佳；二是你本人的热情和干劲是否降低。识别悲观主义者并不难，他们可能是一些谨慎、小心和稳重的员工，与那些懒惰、拖沓和平庸无能的人是有区别的。偷懒、拖延、平庸的人，往往会招惹、冒犯和激怒他人，而悲观主义者通常可以容忍别人。对待悲观主义者，除了给予思想帮助、教育和行动感化外，给他合适的工作岗位也是应该的。如将他置于流水作业流程的末尾，在这种地方，悲观主义者可以成为良好的监督者，即使不出现问题，他也会鸡蛋里挑骨头；要是确实存在差错，他会比别人更能把差错找出来。

4. 如何对待愤世嫉俗的员工

愤世嫉俗的人对一切都存在疑问，他们对人的本性和动机都不信任。怀疑、悲观、自私，都是其表现。不可轻视他们的作用。他们的态度与其他一些消极行为一样，也具有传染性，在单位里悄悄地蔓延，就会逐渐毁掉人们的热情、信任和忠诚，影响人们的士气，磨去人们竞争进取的锋芒。

如何对待愤世嫉俗的员工呢？这里首先介绍一种夸张消极法。你可以这样做：故意模仿愤世嫉俗者的言辞和举止，甚至有过之而无不及，也就是表现得比他还要愤世嫉俗些，不过在说话时尽量要显示出大智若愚的样子。这样做，愤世嫉俗者的话对你就不会产生消极的影响。除了夸张消极法外，还有一些巧妙的方法可以用来做你的“防护衣”：

①找出一些愤世嫉俗的例子，在工作单位给别人讲一讲，这样做会使愤世嫉俗的言行最终会成为大家的笑料。

②用证据确凿的事实武装自己，正面回击愤世嫉俗者危言耸听的言论，说话时要面带微笑。

三、因人而异，区别对待不同类型的员工

每个员工的个人素质不同，工作中所表现的行为也有所差异。在企业管理中，管理者要善于区别不同类型的员工，理智应对"异常"表现的员工。同时，作为管理者，首先应破除偏见，以包容之心善待每个员工，同时还要掌握具体的应对技巧，因人施教，以避免人员管理失控，造成不必要的麻烦。

1. 与“不好应付”的员工保持适当距离

任何团体中都会存在着某些桀骜不驯、难以操纵、不好指挥的部属，而许多领导者由于觉得对方不好应付，便往往避免指派工作给他们，对方也因此更加散漫，终于造成团体中的死结。不仅如此，这种情形在最高阶层的眼中看来，必然认为领导者缺乏统率能力，对领导者前途所构成的障碍是可想而知的。

事实上，所谓“人心不同，各如其面”，这世界原本就不是每个人都友善、可爱的。身为领导者若能意识到这点，当能坦然面对那些不易指挥的部属，而不致感到对方不好应付了。

所谓“事出必有因”，某些部属之所以难以指挥，必有其潜藏因素，或由于对方的傲性使然，或由于对方心有不满，或由于领导者所下达的指令未得其法……总之，**若能先找出症结所在，然后设法加以解决，就不难使对方为公司贡献一己之力**。

(1) 消除相互间的成见

领导者若对部属抱有成见，认为对方“真是一个讨厌的家伙”，那么，对方同样地也会对自己怀有这种敌视态度。

任何人之所以觉得对方不好应付，往往是由于个人先入为主的偏见所造成。

一旦消除心中所抱持的成见，就不难发现对方竟是非常容易相处的。

当你发觉部属对自己有所误解，或由于部属本身的偏见而把你视为不好应付的人时，你必须主动与其沟通，设法消除彼此的心理障碍。

在目前的企业中，最可怕的“职业病”莫过于人际关系濒临破裂，以及严重压力下所造成的精神危机。几乎任何一家企业的人事管理人员会表示，上班族人士由于人事间纠纷而导致心理问题出现的例子，实在不胜枚举。

诚如以上所提及，人际关系发生问题通常肇因于当事人先入为主地觉得对方是“不好应付的人”，或由于对方的气质、性格倾向、平常的习惯等与自己无法契合，于是产生强烈的厌恶感。而这种厌恶感一再累积的结果，势必造成双方无法共处的情况，严重时甚至形同水火。如此一来，对整个企业运作上以及气氛上所造成的不良影响，自是毋庸赘言。

(2) 解开彼此间的心结

既然大家同属于一个单位，彼此根本无法避免碰面，唯有双方达成沟通，解开彼此的心结，才是根本的解决之道。

领导者对部属结成心结的原因大致如下：

- 总觉得对方有不好应付的地方，包括气质、性格倾向、出身背景、平常的习惯等；
- 自己的自尊遭受刺激，譬如学历、容貌、家世、门第等条件比对方低；
- 当对方有反抗性的态度，如忽视上司、批评上司，或其他显而易见的反抗性态度等。

部属对领导者结成心结的原因大致如下：

- 当对方的自尊被自己所刺激时，亦即如同以上第二点的相对立场；
- 领导者属于独裁的、施压的、说话恶毒的人；
- 部属认为领导者把自己看成无能的人，且相当蔑视自己的存在。

事实上，领导者与部属间的心结往往由双方的互动关系所形成。

即使自己所辖的单位中存有不好应付的部属，领导者也不可轻易地将其调派他处，而必须设法研究对策，以便好好地操纵他。

对于不好应付的部属，如果一再加以排斥或忽视，对公司而言，也是一种人才资源的浪费。

不可欺负这种类型的部属，即使假借他人亦不容许，因为这种事终究会落下口实。

领导者在面对难以应付的部属时，最好在心理上保持适当的距离，以免发生纠纷。

有关人与人之间心理上的距离问题，不妨参考相当知名的所谓“刺猬理论”。

这项理论正可适用于人与人之间的心理距离，如同刺猬的针毛一般，距离太远便觉不妥，太近则又彼此伤害，因此，就得保持适当的间隔距离，方能相安无事。

就领导者与“不好应付”的部属来说，最好运用这项理论在彼此的关系上，保持互不伤害的适当距离，达到共存共处。

2. 理智应付对你过分殷勤的异性员工

对异性下属的过分殷勤，你送一句“谢谢”，不仅可沟通对方，更重要的还在于通过这句话使你的异性下属清楚地看到他（她）的过分殷勤并没有得到他（她）意想中的回报，因为你这位领导保持着清醒、理智。

对于过分献殷勤的异性下属，值得你去道谢的毕竟不多，更多的是需要你对他们提出批评。只有这样才能促使他们改正不良意识，同时也有利于你和企业事业的发展。**在单位里，一味地“温情主义”毕竟是行不通的。**

可是，对于这类人，出于改造和团结的目的，批评他（她）们也得讲求方法，不能粗暴，不能任自己的性子而定。

下面介绍一些批评的方法。

（1）请教式批评

生活中有个例子，有一个人在一处禁捕的水库内网鱼。远处走来一个警察，捕鱼者心里想这下可糟了。警察走近后，出乎意料，不仅没有大声训斥，反而和气地说：“先生，您在此洗网，下游的河水岂不被污染了?”这情景令捕鱼者十分感动，连忙诚恳地道歉而去。

同样的道理，当异性下属发觉他（她）的过分殷勤“伤害”了你后，他（她）也会受自责的。这个时候，你就没有必要厉声训斥他（她），而用温和的方式作“冷处理”，这样更好。

（2）暗示式批评

批评人本来就是一件令人不痛快的事，尤其是针对那些有“过分殷勤癖”的人。

有的秘书，对他（她）的异性领导十分体贴。本来，领导正在集中精力、全身心地投入到一份重要文件的处理中，可秘书却三番五次去干扰。他（她）以为是好意，要么问问是否用咖啡，要么去打听一番领导的工作进程，要么去说几句对领导工作精神或效率的艳羡。对于这种秘书，你可以告诉他（她）：“我看王秘书倒是很好！安安静静的。”

领导者用王秘书做榜样，因为王秘书能够理解领导，会安静地做自己的工作，不打扰领导，不侵占领导的工作时间，只在领导需要服务时才及时送去服务而已。

通过两相对照，这些异性下属自然会心领神会你对他（她）的批评。既然你没能过分暴露自己的不满，又使下属能保住面子，维护了他（她）的自尊，同时也令下属认识到了自己的不妥，能使他积极、主动地纠正不妥。这可谓是“一箭双雕”的做法，你不妨试一试。

（3）模糊式批评

某单位为整顿劳动纪律，召开了员工大会，领导在会上说：最近一段时间，我们公司的劳动纪律总的来说是好的，但也有个别人表现较差，有的迟到早退，也有的在上班时间聊天……

这就是一个典型的模糊式批评。他用了不少模糊语言：“最近一段时间”、“总的”、“个别”、“有的”、“也有的”，等等。这样，**既照顾了面子，又指出了问题，他没有指名，并且说话又具有某种弹性。通常，这种说法比直接点名批评效果更好。**

对于屡次表现过分殷勤的异性下属，你同样可以采取如是做法。

（4）安慰式批评

你应该多从下属的角度考虑问题，真正体会下属的用心。你会发现如果你站在他（她）的位置上，你也可能这样做，只不过不像他（她）那样厉害罢了。

既然能意识到这一层，你就应该注意理解下属的心情，在给以批评的同时，也留些余地，给对方一些安慰。

如果你的批评态度粗暴、过激，那么很可能使下属产生一种逆反心理。他（她）可能以为凡是对别人好处就是罪过。这样的话，岂不是你在“作怪”。

然而，你的安慰也应该有限度，不能像汉武帝那样，是“劝百而讽一”。你要明确你的态度是批评性的，绝不可以给异性下属留下鼓励、劝勉的印象，那样同样无助于问题的解决。

尤其是面对这种过分献殷勤的异性下属，他们都以为天下的领导都喜好奉承，说几句批评式的话只是做做样子而已。对这种下属，你应该“用心”去考虑。

(5) 指出错时也指出对

大多数的批评者，往往是把重点放在指出下属“错”的地方，但却不能清楚指明下属应该怎么做才“对”。

领导的态度对下属改正错误绝对有影响，要么有利于改正下属的行为方式，要么就会对下属造成一种心理压力，反而不利于问题的解决。

在指责下属的同时，领导者也应该指出如何做才是正确的。这样才能更具有说服力，使下属心悦诚服地接受你的批评，并依据你的批评积极主动地去改掉错误。

对于那些过分献殷勤的下属，你应该明确指出他（她）这种行为对他（她）自己、对企业、对当领导的你及其他人的危害性；同时，也给他（她）指出一条明路，让他（她）用能力、用学识、用良好的人格力量去赢得领导的赏识。如果他（她）确能改正，并小有成绩，那你就应适当鼓励他（她），不违你的前言，这也有利于他（她）向好的方面继续努力。

3. 有的放矢地驾驭反对者

成熟的领导者都会驾驭反对者，变反对者为支持者，化消极因素为积极因素。怎样变反对者为支持者呢？这就要做到以下几点。

(1) 虚怀纳谏，勇担己过

一个领导者必须具备虚怀若谷的胸襟、容纳诤言的雅量。遇到下属反对自己的事，要扪心自问，检讨自己的错误，并且在自己的反对者面前勇敢地承认。这不但不会失去威信，反而会提高权威。对方也会因为你的认错更加尊重你而与你合作。**千万不可居高临下、压服别人，一味指责对方过错，从不承认自己不对。**即使心里承认但口头上却拒不承认，怕丢面子，这是不可取的，也是反对者最不能接受的。

(2) 弄清原因，对症下药

反对者反对自己的原因是多种多样的，只有弄清楚，方能对症下药。有的是思想认识问题，一时转不过弯来。对于这种反对者切不可操之过急，而应多做说服工作。实在相持不下，一时难以统一，不妨说一句：还是等实践来下结论吧！有的下属反对自己是因为自己的思想工作方法欠妥或主观武断，脱离实际；或处事不公，失之偏颇。对于这种反对者最好的处理方法就是从善如流，在以后的行动中来自觉纠正。还有的反对者则是因为其个人目的未达到，或自己坚持原则得罪过他。对于这种人，一方面要团结他；一方面要旗帜鲜明地指出他的问题，给予严肃的批评与教育，切不可拿原则做交易，求得一时的安宁与和气。总之，**领导者要冷静地分析反对者反对自己的原因，做到有的放矢，对症下药。**

(3) 勿计前嫌，处事公道

这是一个正直、成熟的领导者应具备的基本素质，也是取得下属拥护、爱戴的重要原因。反对者最担心也最痛恨的是领导者挟嫌报复、处事不公。领导者必须懂得、理解反对者这一心理，对拥护和反对自己的人要一视同仁，切不可因亲而赏、因疏而罚，搞那套"顺我者昌，逆我者亡"的封建官场做法。只有这样，反对者才能消除积虑和成见，与你走到一条道上来。

(3) 亲者从严，疏者从宽

一个单位内部的人员有亲疏之分，领导者与被领导者之间也不例外，无论你承认与否，这是客观存在的。因为在一个单位中，人们因思想、性情、志趣等相同，容易产生共鸣，获得好感，赢得信任，这种亲近关系常会无意中流露出来。而那些经常与领导唱反调的人，在一般人看来是不讨领导喜欢的，无疑与领导的关系是“疏”的。领导者与被领导者之间的“亲疏”，是下属最为敏感的问题。如果一个领导者对亲近自己的人恩爱有加、袒护包容，而对疏远者冷落淡漠、苛刻刁难，那么单位内部必然产生分化，滋生派性。**正确的方法应该是亲者从严，疏者从宽**。也就是说，对亲近者要求从严，而对疏远者则要宽容一点。这样可以使反对自己的人达到心理平衡，迅速消除彼此间的隔阂、对立情绪。

(4) 关怀备至，情理并驱

下属总有自身难以解决的问题，需要领导去协调、解决。作为领导者，理应关心他们的疾苦，决不可袖手旁观、置之不理，尤其应主动帮助那些曾经反对过自己的人（这是沟通思想的好机会）。只要符合条件、符合政策，就应毫不犹豫地帮助他们解决实际问题。哪怕一时没解决，但只要你尽了力，他们也会铭记在心。相信只要你付出真情，自然会得到回报，他们就会变反对为支持，那么你所领导的群体就一定会出现一个众志成城、生机勃勃的状态。

4. 小心对待有能力的奉承者

对于那些确有较强能力却也喜好溜须拍马的人，你一定要小心对待，因为这些人可是些“巨型炸弹”，弄不好会造成极大麻烦的。

对待这种人，首先你要依据他的实际能力而委以相应的职务。起码在他们的眼中，你不能成为不识才的领导者。这影响着他们干工作的热情，而且也带动着一批人。

也许有些较有能力的人，他们看不到这类人的阿谀奉承，而只看到了他们的才华，并同时盯着你的行为。如果你不能对有奉承喜好的这类人委以相应职务，其他那些持观望态度的有能力者就会离你而去。尽管这些人看问题不够全面，但他们如果走了，损失无可挽回。

同时，就你本身而言，也应该摆脱一些社会偏见，给予这些人以一定职位。

中国人重视“德”在人格中的关键作用，这无可挑剔。但是，如果把一些非本质的不良行为也“上纲上线”，从而大加挞伐，那却是错误的。就阿谀奉承而言，这的确是个不良品质，但它并不能导致其“德”从根本上坏掉。它属于一种个人生活态度的问题，它是人基于对世界的认识所采取的一种自认为迎合需要的行为方式。

我们不能仅依据这一点就将这类人从根本上否定了。**他如果有能力，你照样可以使用。“金无足赤，人无完人”，你得宽容别人的不足，同时尽力帮助他改正不足。**

在实际工作中，你应该明确表示自己不是那种喜爱溜须拍马的领导。而如果他们胆敢“以身试法”，那你就与他们“走着瞧”。

对待这种员工同样不能急躁，而要耐着性子慢慢来。

如果他这会儿对你大加奉承，即使他这时成绩斐然，你也不必理他，让他静等着。他当然明白是怎么回事。如果他不明白，那你照样别夸他，也别损他，继续让他自己去琢磨。当然，他还得坐一段时间的“冷板凳”。

而有一日他没有阿谀奉承你，而且也没有显著成绩。那么，你可抓住时机，对他赞扬一番。如果他以后还能不断转好，那么委以他重任也是理所当然的。

说这种人可能是“巨型炸弹”，另一个原因是，如果你对他处理不好，会大大影响本单位其他员工的工作态度、工作热情，久而久之会拖垮你的部门。

当这类员工干出一定业绩的时候，你也从内心来说想对他们施以鼓励，可不巧，这会儿正是他们溜须拍马最勤的时候。你本来是真心为了他们的工作业绩而鼓励他们，可在有些员工看来，可能就认为你是由于喜欢他们的溜须拍马。

这虽然纯属偶然，但造成不良后果责任还在你自己，因为你考虑问题不周全。

可以想象，如果这类事情发生，次数不多，仅一两次就能把你在员工面前信誓旦旦所言“不喜拍马”的形象冲得无影无踪。以后，正直的人们不再相信你的言语，他们会把你的话当成耳旁风，使你失去下属的信任。

同时，那些喜欢阿谀奉承的人便会蜂拥而至，不把你拍烂才怪呢？

5. 如何管好“自卑”的下属

对付认为自己无能的下属有一个绝招，就是多多地给他们鼓励。他们就像漏气的自行车，每走一小段，都要及时充一次气，关键的时候，甚至可以专门给他们配一只“打气筒”，时时跟着他们，为他们打气。

对于这类下属，如果领导者直截了当地批评道：“你真是没有能力”。那么，下属就会认为自己的努力都是徒劳，而从此一蹶不振；如果他确实是个人才的话，等于你一句话就把他给废了。

如果领导者认为部下没有什么能力而不加重用的话，下属就会认为自己的领导者太缺乏气量，而且会感到在这种领导者手下工作不会有什么前程，因而失去上进心。如果领导者从一开始就认为某人“反正他也干不好，让他随便试试吧”，“反正他也会失败，多给他一次机会也无所谓”，这实际上并不是真正给他机会。有人甚至会赤裸裸地说：“与那些没有能力的人一起干事，不可能成功。何必与他一起失败呢？”

选人才，一定要善于发现隐性人才。有一句话叫“真人不露相”，如此看来，如果不从深层次去挖掘而只从表面去判断一个人，那么很可能你会挑选出一个庸才。其实在很多时候，自卑也是促人上进的很大动力，它要比高傲和盲目乐观强得多。许多自卑感强的人也并不是像你想的那样一无是处；相反，他们可能在能力上比你强得多，只是深藏着而已。只要你给他们机会，多给他们鼓励，他们完全有可能做出比别人好得多的成绩来。

总之，**对于自以为无能的人，要多给他们表现的机会，多给他们些鼓励，说不定这其中就有一位大“隐士”**。

6. 如何管好年纪大的老下属

有不少年轻主管都抱怨，最让人头痛的是老下属。因为他们年龄大了，知识技术有点落伍，再加上他们资历老，多少有点威望，犯了错误不好指责。如果这种下属再不服从管理，保管任何一个年轻的主管都会头痛。一不小心，就会让他整天“领导”着你。而且，他们一旦犯错误，又会把责任推到你身上，你还只能生气，不敢大动肝火。如果你对他们批评严厉的话，其他的下属也许就会对你胡言乱语起来，那你是招架不了的。所以，有不少年轻人认为当官难，难就难在这里。

譬如，当你的下属把一件工作搞糟了的时候，你还没来得及去批评他们，那些老下属有可能就要“先下手为强了”，指责你：“因为你没有把工作指示清楚，布置完工作就不管不问了，让我们做起来无从下手。”

当遇到了这种老下属你该怎么办呢？你是不是想把他们集中起来，调到一个部门去学习几天或是就在本部门接受点集体培训？不，这些都不是解决问题的好对策。关键不是在于他们没有知识，而是在于不服从领导，对他们的工作不太满意。过不久，你可能找到一个老下属工作不进取的原因了，原来是他懒惰，但你不要马上说出来。年轻的主管批评老职员懒惰或无能，他们会很不高兴的，并且他们会编出一大堆未能搞好工作的理由，还会随时指责到你头上，你又能拿他们怎么办呢？

遇到这种情况，年轻的主管，你切莫认为三言两语即可改变现状。须知“冰冻三尺，非一日之寒”，应该慢慢说服老下属改变，另外再用暗示的方法加以诱导。当然，这需要花相当多的时间和精力，才能把他们的积极性调动起来。虽然不容易做到，还是值得一试的。在同老下属打交道时，一定要注意礼貌。

对于无能又不服从管理的老下属，最好是调动他们的工作，把他们调到无关紧要的工作岗位上，譬如管考勤、卫生，或者在你的手下给他们安排几个副闲职也未尝不可，再或者就干脆给他一点权力，只要有把握能控制住他，就撒开手，让他帮你做做人员管理工作也好。如果像这样在职位上提升他们，即使他们工资降低了，他们也会接受，从而能再次激发出他们的拼搏精神来。

7. 怎样管理“横茬”下属

任何一家企业都存在着被称为“横茬”的问题职员。但并不是说问题职员从头到尾生出“横茬”，遇到某些特定情况时，比如一般的员工遇到加班时，就会生出“横茬”，以致失去了协调性。任谁都会对“横茬”职员头痛不已的。

“横茬”的人一般具有这样的特征：**有自己的想法，独善其身。以自己的想法工作时，冲劲十足；**会遵从他认定有权威的人所说的话，但在某些场合时，他不会完全遵守，总会加入自己独特的想法；漠不关心同事与工作部门的状况，不加入他们工作之余娱乐的行列，不擅于社交。简言之，在自己一人就足以完成深感兴趣的工作任务内，他是出类拔萃的；但如果要与他人协力才能完成任务，或要领导他人工作时，就变得很不合群。他所认可有权威的人，不是地位在上位者、年龄比他大的，就是社会上的名人。他是以他独自的价值基准，认可在其所得意的工作上比他更杰出的人。

现将对具备上述特征的“横茬”者如何管理的具体对策介绍如下。

(1) 研究他本人所具备的特征

“横茬”的特征未必特别突出，所以首先要仔细研究“横茬”的特征（优点、缺点）。接着，研究较易对他进行管理的部分。如前所述，“横茬”以自己独特的标准来认可权威的人。所以，领导者要根据他的判断标准，研究如何才能使权威获得认可。比如，推销员不擅于经营分析等，针对其弱点，通常可以及时指点他。虽然他的销售能力是一流的，但或许对之后的回收管理一窍不通。

(2) 要经常与他谈话

要经常与他谈话。谈话时，首先要褒奖他的实绩。适当的评价能使他的心向领导者打开。其次，要求他遵照领导者的指示办事。他一般了解组织现在的状态、企业该如何管理等。不要只采取正面迎击的方法，要想出其它能应对各种状况的方法。就像在十字路口时，汽车不遵守警察指挥的话，应该采取什么应变措施。

(3) 以管理来提高实绩

“横茬”的价值基准以工作为中心，领导者如能以管理来提高实绩，则能令对方刮目相看，自然能赢得对方的尊敬。

(4) 变更负责的业务

“横茬”最强的自信心，就是自己负责的业务。只要不使他的自信心崩溃，他也会安分守己的。变更“横茬”所负责的业务，也会导致其他部属负责的业务变更，暂时使得工作部门业绩下降。此时，包括“横茬”在内，下属的适应力会发生问题。因此，这个处置是最后的一张王牌。

(5) 领导者要严格地自我反省

某位职员会变成“横茬”，一定有其脉络可寻。在演变成“横茬”的初期阶段，只要用简单的对策就可恢复原状。“横茬”演变到现在这样，其间不是领导者没有重视，就是没有实行有效的对策。因此，领导者必须严格反省与检讨自己的管理行为。如果领导者不能反省与检讨，改正自己的缺点，则无论什么对策恐怕也无法发挥出效果。

四、应对各类员工的攻防技巧

大千世界，芸芸众生，错综复杂的人际关系，高深莫测的人际社会心理，不容你不正视，不容你不细心对待。你要对下属中的各类人物提高警觉，掌握攻防技巧，避免与之纠缠。

1. 小心提防爱奉承的员工

常有那么一帮人，专以“拍马屁”为生，而且还具有相当技巧，拍起“马屁”来不显山不露水，让你浑然不觉中上了他的当，最终受害的还是你自己。

的确有不少被奉承得昏了头脑的领导者，把升迁制度变成了党派之分：谁对他毕恭毕敬、阿谀奉承，就等于佩服他，他就对之恩宠有加，大加赞赏和关爱。无疑，这种“领导人风范”更助长了阿谀之风的盛行。

明智的领导者则不会这样做，他不会中这个圈套，他反而会十分鄙视、厌恶拍马屁的下属。

作为领导者应当保持清醒的头脑，哪些是实事求是的评价之辞，哪些又是阿谀奉承之辞；在阿谀奉承之中，哪些人是出于真心而稍稍过分地赞美几句，哪些人又是企图通过奉承领导而达到自己的某种企图；哪些奉承之辞中含有可吸取的内容，哪些奉承话是凭空捏造、子虚乌有等等，诸如此类，对于这些绝对不能糊涂。

领导者如何对付阿谀奉承者，以下三方面权做参考。

其一，对待专门溜须拍马奉承领导而毫无工作能力的人，方法最简单——请君走人就是了。当然，如果他确是无能之辈，也该让他走人。况且他还专善阿谀奉承，你周围有这么一颗不知何时爆炸的炸弹，你说你还会有多少好日子可过。所以，及时让他走人比什么都强。

其二，对于能力一般而又有些奉承爱好的员工，最好给他找个合适的位子，让他闲待着算了。这类人不好简单辞掉，因为他还有一定能力。也不可委以重任，因为他不仅能力平庸，还爱溜须拍马，委以重任的话，迟早会坏了你的大事。在你的单位中要做到人尽其才，不光指有效地利用人才，也指使用这些能力一般而又有某些毛病的人。这类人有的时候还为数不少，是一支不可忽视的力量。

对于这类人要注意批评教育，并采用不同的方式方法。要耐心，不能急于求成，这种毛病的养成不是一朝一夕的事，改正起来也一定不容易。在这个时候，你要格外注重策略，注意态度，争取从根本上扭转他们的认识，改正他们的毛病。

其三，对于那些确有较强能力却也喜好溜须拍马的人，你一定要小心对待，这些人可是巨型“炸弹”，弄不好会造成极大麻烦的。**对待这种人，首先要依据他的实际能力委以相应的职务**。起码在他们的眼中，你不能成为不识才的领导者，这影响着他们的工作热情，而且也带动着一批人。

2. 与舌头长的人不远不近

有些人喜欢在背后说别人的坏话，挑拨离间。和这样的人相处，的确很难，但生活中这号人又客观存在着，领导者和他们相处，必须掌握一些诀窍。

(1)“自重”与“互重”

“自重”，在与不同类型人的交往中有不同的表现形式：与比自己强的人交往，需要诚恳、虚心；与不如自己的人交往，需要谦和、平等……和那些搬弄是非的人交往，则需要正直、坦荡，换句话说，就是对闲言碎语不听、不信、不传。看问题要全面，要有自己的见解。

除了“自重”外，“互重”也是很重要的。背后议论别人是一种不道德的行为，帮助别人改正这种习惯是应该的。帮助他人改变这种恶习行之有效的方法是：尊重对方，以朋友式的态度善意地规劝对方；想法巧妙地引导对方获得正确地认识人的方法。比如，当对方谈论他人时，可以先顺着对方的话，谈谈这个人确实存在的缺点，然后再谈谈他的长处，从而形成正确的结论。

如果有些人搬弄是非的恶习已成为其性格特点，那么你就干脆不理睬他，听见“长舌话”也只当一阵风掠耳而过。

(2) 反应冷淡

不要以为把是非告诉你的人便是你的朋友，他们很可能希望从中得到更多的谈话材料，从你的反应中再编造故事。所以，**聪明的领导者不会与这种人推心置腹。令他远离你的办法是：对任何有关你的传闻反应冷淡，无须作答。**

(3) 不宜过多交往

如对方总是不厌其烦地把有关你的是非辗转相告，以至对你的情绪造成负面影响，你应拒绝和他见面或不接他打来的电话。此类人不宜过多交往。

(4) 保持冷静

尽管你听到关于自己的是非后感到愤慨，你还须努力控制自己的情绪，保持头脑冷静。你可以这样回答：“啊，是吗？让他们去说好了。”或说：“谢谢你告诉我这个消息，请放心，我不会与他们一般见识的。”如此，对方会感到无空子可钻，他也不会再来纠缠不休了。

3. 对高傲的人挫其傲气

有的下属“恃才傲物”，仗着自己才高，目空一切，有时甚至玩世不恭，对谁都不在乎。掌握这种下属的个性特点并学会与之和谐相处，是每个领导者都期望的。

大凡恃才傲物者都有以下共同特性：

其一，自以为本事大，有一种至高无上的优越感，总以为自己了不起，别人都不如自己，说话常常硬中带刺，做事我行我素，自信心、自负心强，对别人则表现为不屑一顾。

其二，恃才傲物者大多自命不凡，好高骛远，眼高手低，自己做不来，别人做的又瞧不起，所以，做什么事都感到浅薄、不值得去做。

其三，恃才傲物的人往往性格孤僻，喜欢自我欣赏，听不进也不愿听别人的意见，凡事都认为自己做得对，对别人持怀疑和不信任态度。

与这种下属相处，领导者必须有的放矢，科学地采取措施、办法。

(1) 要用其所长，切忌压制打击

恃才傲物的人，大都怀有一技之长；否则，无本可“恃”，更无“傲”之本。**领导者在与这种下属相处时，要有耐心，要视其所长而用之，**绝不能采取冷处理的办法，为了压其傲气，将其撂在一边不予重用。

须知，这样做不仅不能使下属正确地认识自己的不足之处；相反，会使其产生一种越“压”越不服气的逆反心理，说不定从此便会与你结下难解之仇，工作中有意给你拆台，故意让你出丑。

(2) 要有意用短，善于挫其傲气

恃才傲物者并非万事皆通、样样能干，充其量只是在某些方面、某个领域里才能出众、出类拔萃，在其他方面可能就不如别人。

领导者欲消除恃才傲物者的傲气，就要设法让他们认识到自己的不足，最好是在单独场合，安排一两件做起来比较吃力而且比较陌生的工作让他去做，并且要求限时完成任务。下属要完成这些任务就必须付出更大的努力，即使勉强完成了任务，也会深感做好一件自己不熟悉的工作是相当艰难的。

(3) 要敢担担子，以大度容傲才

这种人干什么工作都掉以轻心，即使再重要、再紧迫的事情，他们也会表现得漫不经心、微不足道，所以，常常会因其疏忽大意而误事。**作为领导切不可落井下石，一推了之，要勇敢站出来替部下担担子，使他感到大祸即将临头，领导一言解危。**日后，他在你面前不会傲慢无礼，甚至对你感恩不尽、言听计从。

4. 不与攻击型的人正面冲突

领导有时会碰到这样一种人，他们总是喜欢不遗余力地攻击指责别人，或散布流言蜚语，或造谣中伤，或出言不逊地辱骂，等等。在这种情况下，要不要针锋相对地予以回击呢？

对此，在考虑和选择自己的行为方式时，应该注意以下几个问题：

其一，应弄明白你所遇到是不是真正的攻击。下面几种情况很容易被误认为是攻击。

- 由于对某种事物持不同的看法，对方提出了比较强硬的质疑或反对意见。此时，如果你能够给予必要的解释和说明，矛盾很可能会很好地解决。
- 由于自己对某件事处理不当，对方在利益受损的情况下表示不满，提出抗议。如果的确是自己处理不当，或虽则并非失误，但确有不完善之处，而对方又言之有理，那么，尽管对方在态度和方式上有出格的地方，也不能看成是攻击。
- 由于某种误解，致使他人发脾气，或出言不逊。在这种情况下，只要耐心地、心平气和地把问题澄清，事情自然就会过去。如果领导忽视了判别、区分真假攻击的不同，往往会铸成大错。

其二，即使你完全能够确定他人在对你进行恶意攻击，也不必统统地给予回击。**在与下属的交往中，对付恶意攻击最好的方式莫过于不理睬它。**

如果你不理睬他，他仍不放松，那也不必对着干。因为这样恰恰“正中下怀”。不难发现，那些喜欢攻击他人的人，大多善于以缺德少才之功消耗大德大智之势。你对着干，他不仅喜欢奉陪，还颇会恋战，非把你拖垮不可。在这种时候，你应果断地甩袖而去。

中国古代哲学名著《老子》中，曾经有这样一句话：“天下莫柔弱于水，而坚强者莫之能先。”**攻击者并不属于真正的强者**。对那些冒牌的强者采用对攻，是很不值得的。

领导者与富于攻击性的人打交道，不管他是否怀有敌意，头一条是要敢于面对他的进攻。此外，还应注意以下要点：

- 给对方一点时间，让对方把火发出来；
- 对方说到一定程度时，打断对方的话，随便用哪种方式都行，不必客气；
- 如果可能，设法让其坐下来，使他不那么好斗；
- 以明确的语言阐述自己的看法；
- 避免与对方抬杠或贬低对方；
- 如果需要并且可能，休息一下再和他私下解决问题；
- 在强硬后作一点友好的表示。

5. 拒绝斤斤计较者的不合理要求

自私自利、斤斤计较有时惹人反感，如果不害人，算是对他人损害较小的劣根性。

在办公室内，其实有不少斤斤计较的人存在，这些人在没有利益冲突时，很难发觉其自私的一面，一旦涉及个人利益问题时，便会原形毕露。

其实，只要平日我们多加留意，也不难发觉这些人的自私心理。**自私的人不论平日掩饰得怎样好，一旦涉及个人利益问题时，便很容易露出真面目，**如以下几种情况：

- 他会以各种堂皇的理由，推掉不属于自己的工作责任，如：“自己能力差处理不了”、“自己手上的工作已经很繁重”、“本来自己做也不妨，但宁愿把机会留给别人增加工作经验”等。
- 眼见别人犯错，他只会在旁边偷笑，决不会提醒别人，更不会鼎力相助。一旦有人向你嘲笑某人犯了错误也不改正时，你便要小心这个人。
- 在饭后结账时，总爱和别人斤斤计较，或喜爱拿着单据逐项核对，这样的人，不要期望他会在你有困难时帮助你。

其实，只要我们认清身旁的人哪些是自私自利的人、其自私的程度如何，便不容易受伤。

领导者对待斤斤计较、自私自利的人，要注意以下几点：

一是满足正当要求。与这样的下属相处，对他们的合理要求应给予满足，使他认识到你决不为难他，应该办的事情都会给他办。

二是拒绝不合理要求。对于他的不合理要求，在委婉地摆出不能答应的原因之后，巧妙地劝阻他不要得陇望蜀。

三是办事公平。如果下属中有这样的人，当你制定利益分配计划时，要充分发挥同事的监督作用，将计划公布于众，使大家感到是公平地进行利益分配，这样便可避免他与你纠缠。

6. 不随意迁就争胜逞强的人

争胜逞强的人往往狂妄自大，自我炫耀、自我表现的欲望非常强烈，总是力求证明自己比别人强，比别人正确。当遇到竞争对手时，总是想方设法地排挤人，不择手段地打击人，力求在各方面占上风。

对这种人，人们虽然内心深处瞧不起，但是为了顾全大局，不伤交往中的和气，往往迁就于他、让着他。这样的做法合适吗?

中国人总是追求一种和谐，主张“和为贵”，这无疑是人际交往中一个重要的标准、目标。为了顾全大局，求大同存小异，在某些方面作一些必要的退让，应该说是一种比较高尚且聪明的交往方式。

“让”是一条途径，“争”也不失为另一种必要的方式。殊不知，有些争胜逞强的人并不能理解别人的谦让，还以为真是自己了不起，由此变本加厉，更瞧不起别人、不尊重别人。

对这样的人，不能一味迁就，有必要在适当的时候、以适当的方式打击一下他的傲气，使他知道天外有天、山外有山。

还应该看到，争胜逞强的人当中，有性格使然者，也有社会经验不够、不谙世故者，后者常常是年轻人。对于他们，更多的应该是正面引导和点拨，开拓其眼界，增长其见识。这类人一旦成熟，一旦对社会有了初步认识，便会改变过去那种争胜逞强的态度。

总之，**迁就只适合那些比较有理智的人，对于不理智的人，不妨晓以利害，挫其傲气。**

7. 不以怠慢回应傲慢无礼

有些人往往自视甚高，目中无人，表现出一副“唯我独尊”的样子。与这种举止无礼、态度傲慢的人打交道，实在是一件令人难受的事情。如果你不得不与这种人接触，又该怎么办呢?

有人说，对这种人就必须以牙还牙，他傲慢无礼，我便故意怠慢他。这种做法在适当的时候也许是必要的，但通常更多的只是一种从感情出发的表现，似乎对方的态度傲慢是一种侮辱，于是，我也要用这种方式去回击他。

当我们理性地思考一下自己的目的和处境时，则应该寻求更适当的交往方式。因为，**如果他傲慢，你怠慢，便很可能使交往无法进行下去。这显然对于双方都是不利的**。我们应该从确立了恰当的交往后来选择自己的行为方式。

对此，最合适的方式有3条。

（1）尽可能地减少与其交往的时间

在能够充分表达自己的意见、态度或某些要求的情况下，尽量减少他表现自己傲慢无礼的机会。这样，对方往往也会由于缺少这样的机会而不得不认真思考你所提出的问题。

（2）语言简洁明了

尽可能用最少的话清楚地表达你的要求、问题。这样，对方感到你是一个很干脆的人，是一个很少有讨价还价余地的人，因而约束自己。

（3）可以邀请这种人从事一些无法“摆谱”的活动

“摆谱”的活动可检验人的技能水平。比如，请他去跳跳舞、聊聊家常，上卡拉OK唱唱歌，等等。**当对方在你面前表现出其生活的原色之后，在以后的交往中，他往往不再会对你傲慢无礼。**

8. 不打击自作聪明者的积极性

作为领导，碰到一些事事不合作、工作态度又差的员工，当然头痛，有时遇到一些自作聪明，事事想帮忙，可惜愈帮愈忙的下属，一样令人啼笑皆非。

遇到前者，你还可以骂他一顿，他改不改是一回事，最低限度自己出口气；遇到后者时，见他工作得满腔热情，即使是搞乱了自己的阵脚，但也不好意思骂他，这才令人生气。

对付这等员工，不能用责骂的方式，这会使他以后不会与你配合，甚至可能对你产生反感。试想，有人全心全意地为你解决问题，你不但不欣赏，还骂他一顿，这感觉挺不好。既然骂之不得，唯有用软工夫。

首先，多谢他们的诚意和帮忙，从正面肯定他们帮忙的价值，之后再解释一下他们犯的错误，最后替他们找个台阶下，甚至可以在最后把错误归在自己身上，是自己解释不全，才会累他白花精力，相信他也会十分轻松地接受意见。

其实，**只要适当引导，自作聪明的员工不难训练为有用的员工。**不要放弃他们，这些人可能是公司重要的人才资源。

9. 给不听话的员工一点颜色

有些员工由于自恃有一定专长，或自知公司内很难找人替代他的工作，或自恃与公司大客户关系良好，往往难以管束，对企业规章视而不见。

遇到上述的情况，首先要弄清楚该员工对企业的重要性，他的专长是否难以替代？他与客户的关系有否涉及私下的利益？假如他真的暂时无可替代，公司没了他又会受到损失的话，不妨暂时容忍他。最好私下找机会和他谈谈，了解一下他不听话的原因，是否公司有什么不对，或是同事间有心病。了解到原因自然可以对症下药，公司也不想随便损失一名有用的员工。

不过，有些时候，是员工本身的骄傲自满作怪，满以为公司没他不行，所以气焰嚣张。如果是这样，最好安排下属逐步接替他的工作，并物色适当的员工。不过，这措施在时机未成熟前，最好别让他知道，可以鼓励他多放假，好趁机要他把工作交给别人；同时，又可借升职为借口，要他培养一些接班人。

必要时，可用几个人来分担他的工作。至于客户方面，则要由高层方面着手，努力加强相互间的联系。其实，在商言商，只要双方合作顺利，客户是不会轻易跟员工“跳槽”的，客户和某一员工关系好，只是想工作方便些而已。

只要一切准备好，不妨立即把他解雇，尽量减少他对企业的坏影响，同时向其他员工解释解雇他的原因。假如这人一直恃功专横，员工也会庆幸公司能把他解雇，这对鼓舞士气也有帮助。

第十章

不徇私情：摈弃用人唯亲的旧习

企业经营者要摈弃任人唯“亲”的旧习，任人唯“亲”压抑企业的人气，制约企业的发展。

然而，由于旧的传统观念的影响，任人唯亲的现象还不同程度地存在着，尤其是民营企业表现更甚，以至形成“家族式”的管理。若不革除用人上的旧习，企业就难以健康、持续、快速发展。

一、任人唯亲：企业经营的大忌

任用人才的第一条原则就是唯才是用，而不是唯亲是用。下面，我们将以世界顶级管理大师松下幸之助的一段用人心得来说明这点。他说：任用年轻人时，不仅是授予职位，叫他好好努力，还要给予适当的协助。这一点很重要。经营者如果没留意到这一点，公司业务就无法顺利进行。

1. 徇私用人，弊病丛生

人际关系有亲有疏，这是很自然的事。中国儒家倡导的人际关系，在于“先亲后疏”，一切恩惠与利益，由亲而疏。大家都这样做，很多孤苦无依的，因为有亲人，最终也可以被惠及。

把这种哲学用于企业管理上，也没有什么问题。管理人要选择委以重任的下属，或是聘请员工，那些亲属或是关系比较好的，可成为优先选择，这是很自然的事。很多大家族企业传了数代，在最高层的，大部分都是亲属，而作为副手给扶植为接班人的，大多是自己的子女。即使在外国，这也是很平常的事。

就算不是亲人，管理人也喜欢重用曾和自己并肩作战的战友。在公司里，大家共事多时，如今辗转作战自己当上了管理人，位高权重，有权力提拔下属，于是，他很自然会任用那些已有默契的战友，大家办起事来，亲密无间，甚至不必白纸黑字传递信息，这些战友也很容易明白这位上司的心意，做起事来很符合上司的想法。

也有一些企业领导者，身为最高的管理人，公司开设了多年，有一些老臣子，忠心而能干，所以，企业发展越来越大，这群老臣子便越来越受重用，安插在企业不同的重要职位上，这也不是问题。

真正的人事任用问题，在于“用人唯亲”。“亲”不是问题，问题在于“唯亲”，即是说，提拔下属、聘用新人，只考虑那是不是自己的亲戚朋友、是否得到自己的欢心，而没有认真考虑他们的能力，看看他们是不是具有足够的德行和能力，坐在这个位置上。

不问能力和德行，只因为那是自己的亲人而加以重用，便可能在自己身边引入无数小人。以史为鉴，古代很多帝王，都因为用人唯亲而招祸，甚至亡了列祖列宗留下来的基业。最常见的是帝王受到闺房枕头上的快乐影响，重用了外戚；或是太监晓得奉承帝王，让帝王高兴，因而以太监治国，结果惹祸，把国政搞得千疮百孔。明朝的宦官当权，唐玄宗重用国舅杨国忠，便是典型的例子。

用人唯亲，就不会优先考虑他们的德行和能力，但要能担当重任的，却非有德行和能力强的人不可。**有德行的人令人信任，有能力的人则可独当一面，那才是用人的标准**。只因为是亲人好友而重用，便可能用上一大群无能和性格卑劣的小人，影响了企业有效的运作。

历史上，好些明君都是任用贤能的典范。春秋时代的齐桓公姜小白，在取得政权之后，竟然任用了曾经协助政敌行刺他的管仲。事实证明，管仲德才兼备，为齐国开创了霸业。历史学家认为，若无管仲，齐国是建立不起霸业的。

还有一个中国历史上最伟大的帝王唐太宗，他任用贤能，可以一直容得下那个烦心的魏征，接受他的批评指责，从而使国政大治。而魏征去世之日，哭得最伤心的其中一个人，就是唐太宗。

治理企业和治理国家是同样的道理，都需要任用贤能。一群无能的人在管理人的庇护下一哄而起，企业变成了成人乐园，大家都办不了事，最后企业只有走上失败之途。这是谁之过？还不是管理人之过！

2. 任人唯亲的三种形式

任人唯亲，就是任用人不管德、才如何，只是选择那些和自己感情好、关系密切的人。其表现形式有以下 3 种。

（1）“以我画线”

谁赞同他、拥护他、吹捧他，就提拔谁。“顺我者存，附我者升”，把自己领导的单位搞成“一人得道，鸡犬升天”的“封地”。

（2）“唯派是亲”

凡是帮朋派友，不管是否有德有才，都优先加以考虑。

(3)“关系至上”

毛泽东曾经指出：“在使用干部的问题上，我们民族中从来就有两个对立的路线，一个是‘任人唯贤’，一个是‘任人唯亲’的路线，前者是正派的路线，后者是不正派的路线。”毛泽东在处理这个问题上堪称一代楷模。1949年7月，湖南和平解放以后，毛泽东家乡的亲戚和朋友们欣喜万分，纷纷给他写信。38年前与毛泽东在辛亥革命中共过事，曾任湖南新军辎重营文书的毛煦生来信希望进京做事。其后，毛泽东的表兄弟也来信或是要求推荐参加工作，或是介绍别人进京，而毛泽东的至亲即他夫人的哥哥杨开智，则准备动身进京了。毛泽东对秘书说：“我们共产党的章法，决不能像蒋介石他们一样搞裙带关系，一个人当了官，沾亲带故的人都可以升官发财。如果那样下去，就会脱离群众，就会和蒋介石一样早晚要垮台。”他对秘书田家英说，处理亲友来信的原则是：“凡是要求到北京来看我的，现在一律不准来，来了也不见。凡是要求我给安排什么工作的，一律谢绝，我这里不介绍，不推荐，不说话，不写信。”当时，毛泽东身边的工作人员告诉他说：“人民政府各机关部门，由于工作需要招收了许多新人。也有许多老干部的家属和亲朋来了，只要历史上没有什么问题，一介绍也就参加工作了。”毛泽东却说，别人的亲友可以来，他的不能来。

作为中央人民政府主席、中国共产党的主席，他树立了一种风范。毛泽东以自己的模范行动，反对“任人唯亲”，反对裙带关系，为用人树立了光辉的典范。

3. 无私是用人的前提

任人唯亲是用人之大敌。无数事实表明，**任人唯亲、拉帮结伙、互相串通、以权谋私，是导致事业失败的重要原因。**

然而，在现实管理中，任人唯亲者颇为多见。在一些私营或乡镇企业，“家族化”经营之风尤盛，往往是老总、厂长的妻子管财务，弟妹管供销，舅子管人事后勤，一派“家天下”阵式。在一些国有企业中，有的领导者想方设法把子女弄进本企业，以求一官半职。但是，纵观家族式经营的失败教训，这种做法的后果是非常可悲的。

那么，如何才能做到任人唯贤？作为管理者必须要把握住两个基本点。

（1）要有“公心”

关键在于无私，无私是选贤才的前提。对这点，孔子看得十分清楚。他说，君子对天下之人，不分亲疏，无论厚薄，只亲近仁义之人。这就是说，在人才问题上，应该不计较个人恩怨、得失，而只考虑国家的利益、民众的利益。其实质，是在选才上无私，对能力强于自己、贤于自己的人，要加以举荐，或使他来代替自己，或使他居于自己之上。**在选才上无私，就是要抛弃个人成见，客观地对他人做出评价，即使对其并不喜欢的，也决不以私害公、以私误公，而应毅然选拔。**

（2）公而忘私

虚怀若谷，有很高的素质，能够不计较个人恩怨和得失。遗憾的是，时至今日，仍有些人还在大量任用亲朋好友或其子女，封妻荫子。尽管一些企业的管理者也反对裙带关系，可是选拔人才时就不自觉地搞亲亲疏疏，个中原因是他们总凭个人的私欲、私情来举贤选才。这就丧失了公正、客观的选才标准，发展下去，势必会出现小人得势、贤才失势的局面。历史的教训难道还不足以让某些领导者深思吗！

4. 量才而用与不聘朋友

部门的员工间或是科长级同事间，有时会产生对立，以至人际关系不能顺利发展，这是不好的现象。但大家都是凡俗的人，人际的摩擦是在所难免的，所以，还是要承认有某种程度的对立存在。因此，身为干部的人，要多考虑怎样运用人事调动，尽量减少这种对立。

比如，3 个科长共同管理同一部门时，即使 3 个人的性格相近，实力又相当，意见也总是会有分歧的。所以，最好的调配是：一个富有决断力，一个富有协调力，另一个富有行政力，共同组成一个理想的业务队伍。这么一来，便会效率高而对立少了。**领导干部应具有这种面面周到、妥善搭配工作人员的能力。**

以上方案适用于解决员工的问题，但却很难应用于解决包括你自己在内的对立问题。**干部的对立是要极力避免的，如果自己也是当事人，问题**

会变得较难解决。这时，想办法分配每个人不同的任务，是最为妥当的办法。

比如，你们三个人在一个部门时，如果皆为相同职位，那是很难办事的。只有选其中一个做最高负责人，然后凡事以他的意见为中心，不然也可以自己任首脑，而参考其他两位的意见去行事。

松下幸之助曾经这样劝告过一位当会长的人："你最不对的地方就是叫你的朋友进你的公司当干部。"他请他的朋友当公司的常务经理，这是有问题的。实际上，他应该事先向他的朋友说："你进我的公司工作，是否能有我员工的意识？如果你有这种意识，我是非常欢迎你的。但是，你如果只是想来帮忙的话，你最好不要进我的公司，我希望你在公司外帮助我好了。"如果不事先讲明，他就会成为一个在你公司内的"朋友"，而不是你的员工了。一旦产生这种情况，当彼此的意见对立时，因为你要考虑到朋友之道，所以本来应该严正告诉他的事也说不成了。甚至于你要想下决断时，这位"朋友"就是不同意，结果往往会发生不必要的对立。

二、"近亲繁殖"，会导致先天不足

任人唯亲的用人管理，从小处说可以让企业人心涣散，造成管理失控和低效，从大处讲可以拖累整个企业，导致企业生存发展的危机。科学地管理企业，必须破除"近亲繁殖"的用人观念。

1. "近亲繁殖"的弊端

"近亲繁殖"其实就是家族式的任人唯亲的代名词。私营企业的成长，不可能只凭领导者一个家族单方面的努力，而是管理人员、技术人员及工人这个共同体合力的结晶。许多私营企业领导者没有认识到这一点，以为是自己独自打下的天下，因而不能正确对待其职员以劳动力形式出现的公司产权；不仅把一般员工当作打工仔，而且将高级经理按一般工人的方式安排其报酬结构。领导者请高级经理办事，对其监督较困难，如果对其利益没有很好地考虑，高级经理在自己利益得不到满足时，将会以其他方式达到要求，或贪污，或出卖公司利益，或带上自己延揽的业务合同和一批人马“跳槽”，给企业制造危机。

“家族式的管理”在私营企业的发展中是一个必然的阶段，因为在私营企业发展的初期，企业无力吸引人才，甚至聘用人员都困难。在这种情况下，也只能靠亲戚朋友来帮助自己，因为这些人可以少挣工资，甚至不挣工资。同时，在企业发展初期，他们绝对是为企业的生存与发展着想的。

但企业发展到一定层次、一定规模之后，家族式管理的弊端也就不可避免地暴露出来。

①这些人的工作贡献尽管不比其他员工的贡献大，甚至还要小，他也会因自己的特殊关系而争权夺利，要求获得超额的利益。这对执行企业的管理与激励机制打击很大。

②他们带着天然的特殊性，有天然的优越感。“我是董事长的什么什么人”，成了这些人的口头禅，在工作中往往我行我素，规章制度对他们形同虚设；在他们工作失误时，又往往因裙带关系而逃避责任。在制度执行中，即便对这些特殊人物按制度执行了，其他员工也会讲，只不过是走个“过场”，说不定罚的钱背后又给还了，从而使广大员工对企业失去了信心。

③由于这些人占据了企业的各个要害岗位，并且在其他员工的眼中，这些人干好干坏都是特权阶层，而自己干得再好也没有了升职的希望，从而造就了大量优秀的人才流失，出现用人危机。

④任人唯亲的最大弊端是容易在企业内形成“家天下”，形成压制外来人员正确意见，乃至欺负外来人员的歪风，导致外来人员对企业缺乏认同感，不仅不愿与企业同心同德、同舟共济，而且还在企业出了问题之后“趁火打劫”，甚至产生“置之死地而后快”的想法。

“任人唯亲”是一般私营企业领导者的通病，这就使优秀的人才留不住。中国私营公司的人才流动十分频繁，从而使公司缺乏一个稳固有力的人才群体，不能搞好生产经营。

保持一定比例的人才流动率，对企业管理和效益的提高是很有必要的。据有关专家测算，优秀企业的人才流动率应在15%左右为宜。然而，我国很多私营企业的人才流动率远远高于这一比例，有的高达50%以上，有的企业集团总部全年的主要任务就是招人、培训人，然后走人。

2. “近亲繁殖”产生低能儿

“没有人才就没有企业”。但是，企业不能仅仅关注如何使用人才，还必须关注如何培养人才，说到底，**现代企业的竞争，实质就是人才的竞争**。有关人才的培养、人才的使用、人才的考核评价，最终是一个关系到企业生死存亡的根本问题。

人的投资远比企业的其他投资更具风险性，但这种风险最大的投资也是企业回报最高的投资。因此，如果你想成为杰出的管理者的话，那么请你从现在做起，尊重人才、重用人才，为人才而种植昂贵的梧桐树——营造人才发展的环境和建立培训人才的制度，这样才能吸引人才加盟。

企业管理是一项复杂的系统工程，靠的是管理人员的素质、才干。虽然“福特”、“松下”等举世闻名的大企业在其发展的初期阶段，采用的也是家族化管理方式，但当它们的规模达到一定程度之后，全都高薪聘请高级管理人员，并授予他们种种特权，使之大胆地参与企业的生产经营管理。倘若当初“福特”、“松下”不大胆地任用其家族之外的有识之士，恐怕福特汽车和松下电器早就在地球上销声匿迹了。

从根本上说，放弃“家族化”管理，是使企业管理由“人治”转向“法治”的必然要求。企业管理如果始终停留在“一言堂”阶段，企业决策不能实现民主化，那么，企业内部管理制度就不可能得到真正执行，决策也难以做到科学化。其实，作为社会化生产的企业，“忠诚”、“亲情”并不能从根本上解决企业发展的动力问题，企业的发展已越来越取决于员工的能力与素质。如此，又何须再留恋“家族化”管理呢?

私营企业领导者要记住：创业可用“家族化”管理，而想发展壮大，就必须走出“家族化”管理。

建立精壮班底和核心阶层在于达到上下同欲的高级境界，具体说来，主要包括以下5个方面。

（1）同心

这主要要求心往一处想：上上下下都以同样的真心对待企业及其发

展。这取决于管理者和员工两个方面，首先是各级管理者之间的同心，其次是领导者与员工之间的同心。**领导者是同心的关键，员工表现则是同心的标志。**

(2) 同德

企业上下都具有相对一致至少相容的道德水准和价值观念，以及为符合企业利益目标而共同遵循的行为原则。

(3) 同向

个人的奋斗目标和方向选择是千差万别的，但是，在一个企业内部却不宜存在这种现象。有效的做法就是：将个人的目标和方向与企业组织的目标和方向统一起来。

(4) 同利

物质利益是谁也不能回避的问题，是维系企业与员工的基本纽带，离开同利，则同心、同德、同向、同乐都可能是暂时的。**同利的要领是奉行尽量公平的原则，按劳进行分配。**当然，其基础来自于企业较好的盈利水平。

(5) 同乐

企业是永远处于“动态”过程中的，员工间难免存在着认识上的差异、行动上的摩擦和利益上的不公，因此，沟通、调整就显得非常必要。各级管理者都应该注重各种细节，使整个企业充满理解、和谐的欢乐气氛。这样才有可能克服家族化管理带来的弊端，从而出现崭新的团队精神。

三、打破常规，不拘一格用人才

打破家族化管理，抛弃任人唯亲的用人模式和各种各样的清规戒律，不拘一格地使用人才，就能使企业人气兴旺、充满生机活力。

1. 年龄不是用人的标准

在某种意义上讲，用人犹如积薪，后来居上，是符合发展规律的。如果不是青出于蓝而胜于蓝，社会的发展就停滞了。因此，**重用年轻干部，成了一个国家事业兴旺发达的标志之一**。不解决这个问题，任何事业也难以为继。应当认识到，提拔后起之秀，是每个领导者的重要责任。从实践看，年轻干部体力旺盛，精力充沛，能够摸爬滚打，可以吃苦耐劳。他们朝气蓬勃，最积极，最有生气，乐于学习，善于探索，勇于创新，接受信息和更新知识的能力强，对新事物最敏锐，最少保守思想。统计学表明，无论是政界、军界，还是学术界、工商界的人员，在事业上有造诣、出成果、敢创新的年龄段，几乎都集中在30～40岁左右。有人对古今中外1243位著名科学家、发明家进行统计，发现其中65%的人是在20～40岁之间做出第一个重大发明创造的，其最佳峰值年龄为37岁。

自古英雄出少年。在中华民族的历史长河中，杰出的年轻人总是站在潮流的前头。

在我党、我军的历史上，优秀的年轻干部更是层出不穷。建党时，毛泽东同志刚28岁，30岁当中央委员，遵义会议确立他在全党全军的领导地位时才42岁。周恩来同志大革命时期任黄埔军校政治部主任，年仅26岁，28岁便任中共中央军委书记，33岁担任中共中央军委副主席，建国时出任第一任总理，刚刚51岁。新中国成立之初，中央政府机构中的部长大多在40岁左右。1955年，第一次评军衔时，30多岁的少将，40多岁的中将、上将大有人在。那时，党、国家和军队显得多么年轻、多么有生气!

奇怪的是，历史发展到21世纪，有的人居然还把30多岁、40多岁的中青年视为“嫩竹扁担”，总是不放心，不敢委以重任，不敢放手使用。其用人思想跟不上时代的步伐。**作为领导者应该懂得，起用年轻人，不仅是为了适应世界新技术革命挑战的需要，而且也是保证革命大业后继有人的战略决策**。古今中外的“领导者”都懂得这一道理，因此，在实践中也都十分注意破除年龄限制，大胆起用后起之秀。

第二次世界大战前夕，纳粹德国疯狂进行战争准备，美国总统罗斯福在深入考虑一个问题：如何解决美军军官老化现象？在罗斯福看来，对付一场战争，武器陈旧可以更新，兵力不足可以扩充，可是军事人才不足是件比较难办的事。当时，美国军队军官晋升主要是靠资历。现役军官中，上尉平均年龄43岁，还有47岁的中尉。为了适应战争需要，罗斯福经过努力在国会中通过一项修正案：在总统认为处于战争或国家遇到危机时，可临时委以现役军人中任何军官担任更高的官职。在第二次世界大战全面爆发之际，罗斯福总统破格提升陆军准将乔治·马歇尔为美军总参谋长。当时，这是一件震动朝野的决策，虽然有不少人讲怪话，罗斯福都坚定不移。马歇尔上任后，第一件事就是破格提升4088名年轻军官，其中包括后来驰名中外的艾森豪威尔、斯巴兹、巴顿等人。这些人在第二次世界大战中屡建战功，用事实证明了他们是能够独当一面的军事人才。在被破格提升的军事人才中，艾森豪威尔是比较突出的一位，4年之中，他由少将参谋晋升为五星上将，统帅300万美军，获最高军阶。如果罗斯福不采取这一断然措施，继续靠论资排辈那一套来对付战争的考验，战争后果是难以设想的。

总结第二次世界大战的历史经验，罗斯福打破年龄、资格的框框用人不能不算成功的一着。

2. 文凭不等于才能

文凭这个东西在我国曾随着改革进程的变化而变化。“文革”中，有大专以上文凭者常被看成是“书呆子”、“同工农格格不入”、“资产阶级世界观”等等。打倒“四人帮”以后，党重申尊重知识、尊重知识分子，于是文凭随之“升值”，以至在有些地方出现了一种单以文凭选人、用人的不良倾向。诚然，强调学历、文凭的重要，对于改善干部队伍的知识结构和素质，确实起到了重要的作用。但是，**选用人才单凭看文凭，则会出现多方面的弊端。**

（1）压抑了一批优秀人才

在现实生活中有一些自强不息的有志之士，通过自学成才，他们中间亦不乏“硕果累累”的佼佼者。可在有的领导干部眼中，他们是被摒弃于

"人才"范畴之外的。如某大学有位教师，虽然他在极为艰苦的条件下自修完大学课程，并发表了20多篇颇有价值的学术论文，还被聘请参加国际学术讨论会。可是，由于他原本是一个"清洁工"，没有大专、本科的学历，按照有关规定，即将被清退出教师队伍。像这样在各行各业出类拔萃的自学成才者，不是一人，而是一批，"文凭资格"不破除，他们就难以发挥作用。

(2) 滋长了故步自封的不良习气

应当看到，在用人时搞"唯文凭论"，对那些持有"一纸文凭"者，貌似有利，实则有害。不正有那样一些人，把"文凭"当成走上加官晋级之路的"通行证"：一朝文凭到手，便向组织伸手；别人刻苦学习，他却打牌下棋。他们学习上不求进取，工作中难以胜任，事业上毫无成果。群众把他们比作中看不中用的"银样蜡枪头"。可是，在"唯文凭论"的领导者眼里，他们要官、要名、要利，偏偏都如愿以偿。长此以往，谁还愿去刻苦钻研、奋发向上呢?

(3) 出现了弄虚作假、文凭贬值的歪风

学习科学文化知识，本来应该扎扎实实，循序渐进，持之以恒。可在一些地区，"混文凭"、"买文凭"、"骗文凭"等弄虚作假之歪风甚为盛行。大学课程不是要学习3年、4年、5年么?可他们半年、1年就可顺利毕业；考试不是很严肃认真的事么?可他们看着书本照抄不误。还有一些教学单位，我出文凭你出钱，两相情愿，各得所宜，皆大欢喜。这种"大学的文凭，中、小学的水平"，只能是自欺欺人!

罗列这些弊端，其目的就在于让领导者确立这样一个观念：**文凭固然重要，但用人不要只看文凭，而要注重实质水平。**日本的索尼公司总裁盛田昭夫，曾把公司职员的履历表全部烧毁。当然，对他的这种做法我们不一定仿效，但是他摒弃了只重学历不看才能、坚持在实践中选用人才的精神，是很值得我们每个领导者借鉴和学习的。

3. 用人不必讲"关系"

时下，在社会上流传着这样一些顺口溜："说你行你就行不行也行，说你不行你就不行行也不行”“年龄是个宝，文凭不可少，关系最重要”等等。这些顺口溜是人民群众对某些领导者在用人上搞不正之风的讽刺和批评。应当看到，像群众批评的这种凭关系用人的现象在一段时期内还相当严重。目前，在用人问题上主要存在着3种庸俗关系：

一是利害关系。这主要表现在一些领导同志不顾政策、原则的规定，以对象与自己的利害程度来决定是否提拔使用。凡与自己有利害关系的，就提拔重用；对自己无利害关系的，便靠边站。

二是裙带关系。一些人注意提拔使用自己的子女、亲友，在一些单位形成以血缘关系为纽带的关系网。

三是依附关系。一些人千方百计寻找保护伞，依附于某个领导。今天我提拔你的子女，明天我就可以得到重用。如某部有位雷某，上任后考查干部不是考查其德才表现，而是考查其父母亲友是否有当“大官”的；如果找到了大官的子女在自己手下工作，就不顾原则地给予提拔，以求自己也得到庇护提升。

社会上存在的这种“关系格”，严重败坏了社会风气，损害了党的形象，破坏了党同人民的关系，对革命事业极为不利。因此，我们领导者应该从四化建设的大局出发，坚持党性原则，不徇私情，公正地用人。

总之，**唯德才是举，是破除“关系格”选贤任能的最根本的依据**。有了这个“大格”，才能够不拘种种“小格”，而不至于出格。

4. 论资排辈多弊端

论资排辈是指在选拔和使用人才时，把资历长短和辈分大小作为提升和使用人才的主要依据。“资”和“辈”是多种多样的，参加工作时间比你早，党龄比你长，毕业比你早，就读学校的牌子比你响，年龄比你大等等，都可以成为“资”或“辈”。于是乎，提拔干部时，按年资往下排，一茬茬顺着来，或看看原任职务的高低，认为“书记、局长还没有提，怎么能提处长、科长”？“过去是下属，一下子变成上级，这就摆不平、压不住台，本人也不好工作”；或认为年轻的放一下无关大局，年龄大的不提就没有机会了。

论资排辈，在中国古已有之，源远流长。北魏时，崔亮创设“停年格”选官制度，把做官时间的长短当作成绩，当作选官的唯一依据，靠计算年限来确定升官。这种“累日以为劳，计岁以为阶”的官吏升迁制度，就是凭任职年限长短、资历深浅，而决定劳绩大小、官位高低，论资排辈逐渐制度化、成熟化了。

论资排辈的危害，一是阻碍大批中青年人才的成长。论资排辈的“格”与现代科学文化发展规律是背道而驰的。二是阻碍人才竞争，挫伤人们的积极性和创造性，使那些具有真才实学的人被压抑、埋没，不能破格提拔，脱颖而出，有才难展，有志难酬。三是论资排辈心理易使资历长一点、辈分大一些的人滋长居功自傲情绪，中青年干部只有熬年头。诚然，**人的才能高低与工龄长短、资历深浅有着一定的联系，但资历并不完全与实际才能成正比，资历决不等于才能**。资历同能力、水平成反比的现象也并不罕见。

5. 用人要忌“新不如旧”

一般情况下，领导自己的老部下，由于相处多年，因而对其性格、特点、工作能力等了如指掌，领导起来得心应手；而对于新成员，由于不太熟悉、了解，因而用起来不能随心所欲。这时，领导就会感觉新人不如旧人。

其实，新进的成员，尤其是年轻人，大都有一种敢做敢当的勇气，有“明知山有虎，偏向虎山行”的冒险精神，干劲十足，锐不可当。在刚接到一份工作时，他们心中孕育已久的激情就会喷薄而出。有经验的领导大都会对新人给予激励，并给他们以引导，使他们的这种激情在正确的渠道中顺流前行，一波推一波，一浪推一浪，正如人们常说的：“长江后浪推前浪，一代新人换旧人。”

新人尽管激情澎湃、很有潜力，但他们也有弱点，他们阅历浅，工作经验缺乏。作为领导，要善于和新人相互交流，以自己的经历、体验给他们以指导，让他们在具有了工作热情之后，再学会理性的思考，对自己的事业承担责任。新人涉世浅，一旦受到打击，就可能精神颓废，一蹶不振，犹如一团熊熊烈焰一盆冷水就给熄灭了。所以，领导要学会火上加薪、火上加油，使新人的工作热情越燃越烈。其具体方法是：刚开始不要给新人太重的工作，任务不要超量，条件不要过于苛刻，做出成绩马上给予肯定，发现优点马上表扬，使新人越干越有信心，越干越有冲劲。

对待新人的错误，领导要少批评多开导，采用暗示的责备方法，使之从中领悟到自己的错误，从而找出症结，改变认识。

因此，**要充分发挥新人的积极性、主动性，领导首先必须做到胸怀宽阔，做到“宰相肚里能撑船”，**对新人多给予肯定。集思广益，海纳百川，方能显示领导的盖世英才，企业也将飞黄腾达，事业如日中天。

第十一章

培育员工：企业发展的百年大计

“问渠那得清如许，为有源头活水来。”一个企业要始终保持生机与活力，使其持续发展长盛不衰，就必须加强员工培训、做好育人工作。这是关系企业兴衰存亡的百年大计。

一、育人是企业的百年大计

人才是企业的宝贵财富，人才资源是企业的第一资源。要使企业的基业长青，经营者必须把培育人才作为企业的百年大计，常抓不懈，坚决落实。总结中外企业的兴衰，育人从来都是企业的首要选择。

1. 只有春天的耕耘，才会有秋天的收获

善于管理和使用人才的领导者欲求上进，除了力求充实自己的学识、提高自己的能力之外，更应随时培植地位比他低的人才，努力将他们训练成有用的人，日后可以得到他们的一臂之助。

有效的管理者，往往是最知道如何借助别人力量的人。当遇到困难，非自己能够解决时，就知道如何获得援手。他自己决不做过于繁忙的工作，因为他知道分工合作的价值，他只做那些自己必须去做的事。

领导平日所接触的人，大致可以分为两种，一种是地位比自己低的人，或在许多事情上必须听从自己命令的人；另一种是地位比自己高的人，许多事情必须听从他的指示。通常，社会上多数人最易犯的毛病，就是眼睛永远望着天。

- 你能得到下属真心地帮助吗？
- 他们愿意为你效力吗？
- 你的同事肯协助你吗？
- 他们代你操劳时，是否心甘情愿？
- 看见你有困难时，下属是否会支持你？

如果答案是肯定的，那么你已经走向成功的道路。因为**唯有能够获得外界自动援手的人，才有获得成功的希望。**

反之，别人不愿接近你，怕你要求他们帮助；当你向他人请求帮助时，他们寻找种种借口拒绝，那你非立即改变待人接物的方法不可。

切勿施用压力强迫别人工作，应该运用巧妙的方法，使他们自愿为你

工作。

一个喜欢依仗自己权势和地位发号施令、强迫他人做事的人，并不是一个好的领导。一个聪明的领导人会永远关心下属，不时地替下属的健康、家境、幸福等着想，让下属把他当成可靠的长者，对他敬爱有加，十分关心他的事业，恨不得使出自己所有的力量帮助他。

记住这个原则：**你要获得别人的帮助，必先帮助别人。帮助别人愈多，未来的收获也就愈大。**平日里注意栽培部下，有朝一日将给你带来意料不到的巨大利益。只有最愚笨的领导人才想尽方法去奴役他人，希望别人毫无条件地为他尽力。

2. 发现并培养有潜质的下属

当企业领导者发现下属中有表现卓越的人才，应立刻善加运用、认真培养，一刻的踌躇即会损失一刻利益；因猜忌而把他视作平庸者，公司将由停滞不前而走下坡路。

企业领导者发现卓越人才后，应注意以下要点。

（1）视他为你管理技术上的一项挑战

你的管理办法，对待资质平庸的下属或许绰绰有余，甚至让人把你看成奋斗榜样。而在卓越人才眼中，你只代表一个职位、一个虚衔，并不表示你的才干比其他人优秀。要他们全听你的，是件颇困难的事。

（2）鼓励他公开讨论自己的观点和建议

此举是增加他对你的信任，以及对公司的归宿感，显示他的建议受到你的重视，为了有所表现，他必更乐于创新。

（3）赞美他杰出的表现

不要害怕他会被宠坏，在他表现杰出之后，加以称赞和鼓励。因为你的冷漠，会使敏感的他以为你嫉妒他。通常，卓越的人均懂得鉴貌辨色，为避免“功高盖主”、招你猜忌，他宁愿把创造性的建议藏起来，待有机会即另谋高就。

（3）给他明确的目标和富有挑战性的工作

卓越人才做事有点天马行空，但又会有出乎意料的成功。你给了他明确的目标、富有挑战性的工作，他定会感到被看重而满怀工作激情。

(5) 推荐他就读有帮助的课程

“学如逆水行舟，不进则退”。如果你将卓越人才的工作安排得密密麻麻，他根本没有时间学习新事物，不断工作的结果使他精神疲累。卓越人才并不万能，他也有不懂的事物。

(6) 对他额外的贡献给予赞赏鼓励

在你未能给予他更佳的报酬时，一些实质性奖励是必要的。对于他对公司额外的贡献，如无特别待遇，动力自然减弱，但不表示他不再追求进步。

驾驭、管理好有潜质的下属，你在组织中的人事管理工作便完成了一大半。

3. 培养和管理现有下属

不是所有卓越人才都会忠心不二的，他们不断向上晋升，便导致企业员工流动率上升。如果你将精力全放在培养卓越员工上，其他表现平庸的下属将成为可有可无的人。卓越人才不会待在一个机构中太久，他们一旦发觉其前途并不明朗时，即萌生离去的念头。

如果平时将期望寄托在卓越人才上，人才离去后，企业往往会出现青黄不接；要等待新的卓越人才上任，方能重振局面，在瞬息万变的商业社会，企业不进则退。

撇开对人的偏见，耐心地观察每位下属的表现，发掘他们的潜质，加以训练、鼓励，你将有意想不到的收效。

因为害怕将员工加以培训后会带着你的心血和经验转投别家公司，而宁愿得过且过地让他们将工作完成，是消极的经营方法。在竞争激烈的社会，这种经营方式很快便遭淘汰，按此方式经营的企业或被其他大企业吞并，或被改组经营。

将一个资质平庸的员工培育成卓越人才谈何容易，不是每个主管都有这份耐性、雅量。但想成为优秀领导者，就得有这种雅量。只要有恒心，以下几点可供参考。

(1) 在众员工中选择专心的人

一边工作、一边吃零食的下属缺少专注和稳重，只有那些工作时连私人电话都不愿接听的下属，才会是首选。

(2) 怪脾气的下属

有些员工不大合群，却也不被人讨厌；这些员工喜独来独往，有着别人不容易改变的习惯；虽然他的表现平庸，但不清楚他是否尽了全力。你试着跟他谈谈抱负一类的话题，可以得知他对工作是否热诚。此外，**了解他的人生观是否积极。通常，有积极人生观的人才会积极地工作，今天不想明天事的人最好别委以重任。**

(3) 半强迫性地要他学习有关工作的课程

一星期中起码让他在工作时间中抽半天时间学习新知识，看他的态度如何，如果一脸疲乏，感到厌倦的话，就放弃培训他；如果孜孜不倦地研习当天所学，就继续培训吧。

(4) 带他出席高层会议

要他细心聆听各人的意见，加以分析，并鼓励他在会上发言；私下向高层坦言有意培育他成为人才。

通过上述措施，该下属是否是可塑造的人才，已昭然若揭。当你一旦培养出人才，你的管理自然会迈上更高的层次。

4. 是金子就该让它发光

领导者提拔人才应当不拘一格，不能因为一个人有这样或那样的缺点就将其忽略，打入冷宫或束之高阁。是金子就该让它发光，是人才就该人尽其用。这是一条最起码的用人原则。

一个曾受到众人非议，大家认为不可救药的人，经过你的仔细考察，发现事实并非如此，这人很有才华。因此，你大胆决定将这位下属提升上来。

一个曾经当众辱骂过你的下属，仍然因为他专业能力强，而被你不计前嫌地提拔到你的身边。

一个相貌丑陋、身材矮小的下属，你并不是以貌取人，而是考虑到他的真才实学，把他从众人之中选拔上来。

对一个曾经犯过错误的下属，你能辩证地看待他，发现这位下属的可贵之处和闪光点，经过一段时间对他的培养、考察，把他提升到一个新职位上。

一个知识丰富、能力比你强的下属，你不会因为嫉妒不提拔他，而是敢于把他提拔到重要的位置上来。

做了以上这些，才能使你的领导工作顺利开展，你的领导威信才能逐步建立。虽然你提拔的人才一时还不能做得令大家都满意，但你不必过于着急，是金子，终归是会发光的，这只是迟早的事情。关键是你提拔的下属是不是真正的金子。正确、有效地提拔下属，能很好地说明作为选择者的领导所具有的用人素质。

如果下属能从你用人态度上感到你办事的公平合理和严格，那么，你就会受到下属的信任。过去曾是非常难缠的人，以后将对你忠贞不贰；过去曾吊儿郎当的人，以后工作热情将大增；过去曾三心二意的人，以后将与你推心置腹。你拥有一批心腹干将，事业将如虎添翼，你的领导能力也就提高，你的统御会更加有效，你的指示会让大家心甘情愿去执行。

5. 给新人担当重任的机会

一般领导对新的部属都会怀有警戒心，所以，通常只让他做些杂事，将他放置一二个月。像这种做法，是不能使他成长的，应该一开始，就将他当作一个独立的人，尽可能让他去表现，即使派给他重要任务也无妨。万一失败了，要他负起责任，向有关部门道歉，研究失败原因，及时处理善后事宜。总之，这一切责任，都要由他一肩挑起，如此，他才容易长进。若是成功了，就应给予他应得的奖赏、褒扬，这是千万吝啬不得的。

年轻人有一好处，对于失败从不畏惧，在他们的心目中，没有任何失败是不可挽回的。因此，他们不会推卸责任。所以，你应当趁他们年轻时，多让他们担负重任，他们失败就重来，培养再接再厉的毅力，他们才会逐渐成熟。像这样，对年纪大的员工来说，是很难办到的。让年轻部属担当重任，并不意味着自己的责任减轻，反而会增加自己心理的负担、责任，但也不能为了怕心理负担或麻烦，而放弃这项教育部属的义务。这样，是不够资格当主管的。因为给新员工担当重任，你才能从长远的角度管好他；否则，让他吊儿郎当，以后便不好统御。

二、掌握育人的规律与方法

企业育人的方式多种多样，因时因人因地而异。千百年来，人类在自身的进化和发展中积累了诸多人才培养的方法，这些方法是宝贵的财富，必须认真加以借鉴汲取。

企业人才的培养之道，没有固定模式可寻。但万变不离其宗，人才的培养之道虽然千姿百态，其中依然有某些共同的带规律性的东西。研究这些带规律性的东西，对探讨企业人才培养的途径和方法无疑是有益的。

1. 顺势育人法

在美国，有一位“树根雕刻家”，善于利用树根的天然形状，顺势雕刻成栩栩如生的人和动物。这门独特的艺术，给研究“人才成败”的科普作家叶永烈以有益的启示，他写了一篇题为“顺势成才”的文章，指出：“人才也与树根一样，千姿百态。不论是选拔人才的‘伯乐’，还是人才本身，都应具有‘树根雕刻家’的眼光，善于根据人才的特点，‘顺势成才’。”

关于“顺势成才”，严格地说，当指人才本身；对于“伯乐”，应称之为“顺势育才”。在人才通向成功的征途上，“顺势育才”往往与“顺势成才”相辅而行。就说叶永烈所列举的“顺势成才”的典型吧，对“伯乐”而言，皆可谓“顺势育才”的典型。对此，不妨作些分析：

著名田径运动员朱建华，原是一个苍白而瘦削的“绿豆芽”式的孩子。他虽具备了跳高运动员的素质——腿又细又长，俗称“羊腿骨”，却不喜欢运动。可以设想，若无教练的发现、培育，任其自然发展，今日之朱建华，很可能是位文弱的书生。

在首都剧坛上轰动一时的“女花脸”齐啸云，本是外贸部的一名工作人员。她虽有“脑后音”，是京剧界难得的稀才，却把京剧当作业余爱好，专攻英语。可以设想，若无京剧老前辈的发现、指点，这位年过四十、又有专才的妇女，岂能毅然改行从艺，突放异彩？

这些“顺势育才”的典型有一个共同的特点：在前辈发现之前，对已具有的成才之“势”——“羊腿骨”、“脑后音”等，自己竟无觉察。显然，在这种情况下，若无前辈的“顺势育才”，所谓的“顺势成才”也就无从谈起。退一步说，**即使本人有所觉察而“顺势成才”，若无名师的培育，难免多走岔路，甚至难以达到可以达到的水平**。人才的成功，虽主要在于人才的自我努力——一般表现为“顺势成才”，但“顺势育才”往往以前提或条件的方式为其辅佐，具有特殊的重要意义。“顺势育才”作为培育人才的一种方法，可简称为顺势法。

那么，如何运用此法而“顺势”育才呢？这还得从“脑后音”、“羊腿骨”谈起。这些成才之“势”，较为独特，很可能因此给人以错觉：把它们视为艺术界、体育界的特例，甚至归结为某些人的得天独厚，望“势”兴叹。若有这种看法，就会在无形之中束缚自己识“势”的眼力。其实，各个领域各有其“脑后音”、“羊腿骨”，只是表现的形态不尽相同罢了。以科技界为例，居里夫人的“非凡的好奇心”、达尔文的“精细的观察力”，堪称科技人才的“音”、“骨”。不论是生理上的“脑后音”、“羊腿骨”，还是思维上的好奇心、观察力，皆是先天禀赋与后天锤炼的综合效应，尤以后者为重。所以，**从实质上看问题，“音”、“骨”等成才之“势”，实乃人才在成长中逐渐形成的某些专长**。有了这样的认识，就能增强识“势”的眼力，敏锐地发现那些以各种形态表现其成才之“势”的潜在人才。

然而，正在成长中的人才，毕竟有别于任人雕刻的树根，具有自我雕刻的意识和能力。对这个根本性的区别有较深的认识，才有可能真正领悟“顺势”之奥妙，有效地运用此法而育才。“脑后音”、“羊腿骨”等成才之“势”，在未被本人认识之时，是静态的，任其自然，还会自我蜕化、消失；当本人认识之后，则呈动态，化为“顺势成才”的动力，并在成才的实践中逐步发展、提高。“顺势”，当“顺”动态之“势”。善用“顺势法”育才的领导者，一旦发现某人所具有的成才之“势”，立即“完璧归赵”——尽快让本人意识到自己的所长。也就是说，**潜在人才所具有的成才之“势”，由育才者的敏锐发现转化为被育者的自我意识**。与此相应，为振兴中华而成才的使命感日趋增强。两者的有机结合，方能实现这个转化。

造“势”之后，就涉及如何“顺”的问题了。这都是些育才上的技巧，因人而异，相机行事，很难一概而论。但若把成才之“势”喻为一股激流，就可概括为如下几点：一是指导其主流朝着正确的方向前进；二是引导其支流汇合到主流中去；三是疏导其前进的渠道，等等。其中的具体做法难以赘述，可在育才的实践中逐步揣摩、掌握。

综观育才上的“顺势法”，实乃“起势法”——**起动潜在人才的成才之“势”，让其自我雕刻**。所以，凡用此法育才者，要始终着眼于“势”，“顺”其“势”作些必要的指导。至于一刀一锤的运用，尽可以任其自行发挥。唯其如此，方能“雕刻”成不是“如生”而是“有生”——富有生气、善于创造的人才！

2. 一荐二帮法

把善于识才的领导者比作“伯乐”是恰当的。不过，一个领导者仅仅满足于当“伯乐”、满足于识才，那是远远不够的，这并非苛求。因为，对我们的领导同志来说，如果只会发现现成的人才，而不会培养人才、提高人才、造就人才，那就远远不能满足现代化建设对于人才不断增长和人才素质提高的需要，也就没有尽到领导者的责任。

好苗尚须勤浇水，对人才必须一荐二帮。大量事实告诉人们，当伯乐，慧眼识人才，固然重要，而积极帮助人才立足、前进，尤其不可缺少。

3. 实践育人法

“人的正确思想是从哪里来的？是从天上掉下来的吗？不是。是自己头脑里固有的吗？不是。人的正确思想，只能从社会实践中来，只能从社会的生产斗争、阶级斗争和科学实验这三项实践中来。”这是毛泽东在《人的正确思想是从哪里来的》一文中的著名论断。

实践既是人们认识世界、改造世界的活动，又是辩证唯物主义、历史唯物主义之第一和最基本的观点，因而也是马克思主义人才学之第一和最基本的观点。人才，哪怕是杰出人才的知识才能都只能从社会实践中来，即便是从书本上获得的知识，追根溯源，这些知识也是前人实践的产物。这正如毛泽东在《实践论》中指出的那样："真正亲知的是天下实践着的人，那些人在他们的实践中间取得了'知'，经过文学和技术的传达而到达于'秀才'之手，秀才乃能间接地'知天下事'。"没有实践就没有人才，不论是从全部人才史看，还是从人才的成长过程看，都是如此。

实践是人才的摇篮。在生产斗争的实践中，古代的游牧民族、农业民族为了确定季节，产生了最初的天文人才；由于猎物、收获与分发农作物以及丈量土地等需要计算，实践中产生了数学人才；人类走出洞穴，爬下树巢，开始用自己的双手在大地上建房定居，实践中便产生了建筑人才。

4. 工作压力法

现代管理研究表明，**一个人最初的工作经验对其一生都有重要影响。**一个刚刚参加工作就面临着挑战的管理人员，往往希望能充分地运用自己掌握的知识、技能，运用各种新的方法，来解决现实中提出的各种各样的难题，这样他们就会不断地寻求各种知识和技能的真谛，就会不断地、积极地学习各种先进的知识和经验，随之而来的是希望自己能有所发展，希望能把自己的时间和精力放在能证明自己价值的工作上。而一个刚刚参加工作就很少面临挑战甚至无事可干的管理人员，会无所事事，产生一种挫折感，极有可能变得没有抱负，甚至离开他最初工作的组织。因此，任何一个组织都应该给新参加工作的管理人员以必要的压力，这也就是给他们锻炼的机会、施展才华的机会。

另有一种所谓给下属"压担子"，即只增加工作量，或只增加简单劳动的数量。这种所谓"压担子"，不仅"压"不出人才，还往往把人才压垮。我们所说的压担子，不仅是指适当增加工作的数量，更主要的是指适当增加工作的质量，即逐步将重要的、核心的工作委托给下属去办，这才是真正意义上锻炼人、培养人的"压担子"。

5. 适时提升法

在正确认识台阶对人才培养必要性的同时，必须十分注意保证“台阶”的时效性。**每个人在某个岗位上，都有一个最佳状态时期**。有的学者研究提出了人的能力饱和曲线问题。身为领导，要经常加强“台阶”考察，研究属下在能力饱和曲线上已经发展到哪个部位了。一方面，对在现有“台阶”上已经锻炼成熟的干部，要让他们承担难度更大的工作或及时提拔到上级“台阶”上来，为他们提供新的“用武之地”；对一些特别优秀的干部，要采取“小步快跑”和破格提拔的形式使他们施展才干。另一方面，对经过一段时间的实践证明，不适应现有“台阶”锻炼的干部要及时调整到下一级“台阶”上去“补课”。如果我们在“台阶”问题上鱼目混珠、良莠不分，在时间上搞“平均主义”，必然埋没甚至摧残人才。如果该提升的没有提升，不该提升的却提升了，“转眼间，不该升官的却升了官，我这本该升官的，却只能在梦里‘加官’”，那就更糟了。只要我们在“台阶”问题上坚持实事求是，按照人才成长的规律办事，就一定能够为各级领导班子造就一批又一批的优秀人才。

三、走出企业育人的误区

教育的兴衰，关系到国家的兴亡，也关系到企业的发展。在我国市场经济竞争日趋激烈的今天，各企业之间的人才争夺已愈演愈烈。要想使企业在市场激烈的竞争中处于领先地位，就必须不断地培养自身发展所需要的各类人才。人们常说：“不尽长江滚滚来”。企业的领导只有在人才问题上下功夫，有计划地、坚持不懈地培育人才，才能出现“不尽人才滚滚来”的局面。

1. 忌吝惜教育投资

现在有相当多的企业领导者，不肯在培养自己企业人才上花钱，不肯拿出培训费对部下进行培养；还有的领导对机器的投资比对人的投资还多。这种管理，是“弃才”、浪费人才的表现，是对下属人员的不负责任，是对企业发展的不负责任。

一个企业领导者如果在培养人才的问题上缺乏战略眼光，就不愿意花钱为自己公司的员工进行培训，认为员工的培训教育是企业以外的事，企业花钱是无效的成本，是一种多余。这样的领导目光短浅，只顾眼前的利益，不顾企业的长远发展，是迟早要吃亏的。还有的企业领导，自己不出钱抓教育、对员工进行培训，当员工自己掏钱到外面进修、提高业务素质，非但不支持，且不准员工请假，常以扣发工资、奖金为由要挟企业员工。试想，这样的企业怎么会后继有人才！又怎么能全面提高企业员工的素质！

企业的繁荣，在于人才的兴旺，而人才的兴旺又在于企业家下大本钱去培训自己的员工队伍。只有抓住人的素质的提高，才会有企业素质的提高。愿我们的企业领导者为今后的企业发展，在教育培训上多投资一些。

2. 忌脱离市场需求

教育，特别是企业的培训教育，必须要适应社会、经济发展的需要。在当今市场经济日趋成熟的大潮之下，教育要与之相适应。无论是社会办学还是企业员工培训，都应该像市场经营一样，坚持“适销对路”的办学方针，即学校办学一切以市场经济发展实际需要为轴心，市场需要什么样的人才，学校就应紧密结合社会发展的实际需要来办学。不同的企业有不同的人才需求，构成人才市场需要内容的多样化和专业化。对不同的产品市场，企业就要开发不同的产品去占领，因而在员工培训上就应该适应不同的市场需要进行施教。基于此，**员工培训的内容、方式、时间，就要以企业对市场的实际需要为出发点，以员工的实际岗位操作需要为归宿**。只有这样，培训教育才会有实效，才有利于人才的迅速成长。

如果我们的各类学校或企业员工培训中心能够面向人才市场，坚持“适销对路”的办学路子，从培训内容、培训方式到培训手段，都是以实际需要为出发点，坚持理论与实践相结合的方针，则一定会培训出高质量的人才。

3. 忌重“能”轻“德”

在培养人才上，对德与才应如何认识、把握，是今天许多领导者感到困惑的问题。在企业用人的实践过程中，有的领导或求全责备，或重才轻德，反映了企业领导对德与才关系的不同认识。同样，从事培养人才的教育工作者，在企业的员工培训方面，往往是只抓知识、技能的训练，而忽视思想、道德的教育，尤其对人生观、价值观以及世界观教育更是重视不够。

那么，什么是培养人才的理想标准呢？我国古代伟大的思想家、教育家孔子就此提出教育人才要从仁、知、信、直、勇、刚方面着手。可见，孔子是十分重视人的道德品质的培养的。但孔子同时还认为，一个人如果好“德”不好“学”，美德就会走向反面，成为愚、荡、贼、狡、乱、狂。因此，一个人才，光有德不行，还必须要有真才实学，使自己德才兼备。诸葛亮对人才也提出过八项要求，即：德、才、学、识、能、忠、义、信。这实际上讲的是培育人才要德才兼备。可见，我国古代的思想家一直都在孜孜不倦地探索中华民族的育人之路。今天的企业在培养人才方面，也存在如何才能把员工培育成德才兼备人才的问题。

德，从现代人的角度来讲，它应该包括：人的崇高理想和信仰；高贵的思想品质；高尚的道德情操和积极向上的人生观；强烈的事业心。才，是指高超的技艺和丰富的知识。作为企业的领导者，德与才，二者不可或缺。《资治通鉴》的作者司马光指出：才德兼备者为圣人，才德都不具备者是愚人，德胜过才者是君子，才胜过德者是小人。自古以来，国家的乱臣、家庭的逆子，往往是才余而德不足。司马光还指出：一个人德行怎样，决定着他利用才能去干好事还是干坏事。有才无德之人干坏事很危险，因为他有才干作资本。虽然司马光所言的德与今天所说的德其标准不尽相同，但他的见解却相当深刻。

四、松下电器的培育员工之道

松下幸之助认为，**一个人的能力是有限的，如果只靠一个人的智慧指**

挥一切，即使一时取得惊人的进展，也肯定会有行不通的一天。

为此，松下公司努力培训人才，加强员工的教育训练。公司根据长期人才培训计划，开设各种综合性的系统研修、教育讲座。松下先生说：松下电器公司既是“制造电器用品”的公司，又是“造就人才的公司”。

松下先生要年轻的职员这样回答顾客提出的“松下电器公司是制造什么的”问题：“松下电器公司是制造人才的地方，兼而制造电气器具。”松下的心愿是这样的：事业是人为的，而人才则可遇而不可求，培训人才就是当务之急，如果不培训人才，事业要成功也没有希望。

现在松下公司课长、主任以上的干部，多数是公司自己培养起来的。

松下的员工教育是从加入公司开始抓起的。凡新招收的员工，都要进行8个月的实习培训，才能分配到工作岗位上。

1. 员工培训的辅助办法

为了适应事业的发展，松下公司人事部门还规定了下列辅助办法。

(1) 自己申请制度

干部工作一段时间后，可以自己主动向人事部门“申请”，要求调动和升迁；经考核合格，可以提拔使用。

(2) 社内招聘制度

在职位有空缺时，人事部门也可以在公司内部招聘适当人选，不一定非在原来单位中论资排辈依次提拔干部。

(3) 社内留学制度

技术人员可以自己申请、公司批准，到公司内办的学术或教育训练中心去学习专业知识。公司则根据发展需要，优先批准急需专业的人才去学习。

(4) 海外留学制度

定期选派技术人员、管理人员到国外学习，除向欧美各国派遣留学生外，也向中国派遣留学生，北京大学、复旦大学都有松下公司派来的留学生。

由于松下公司把人才培训放在首位，有一套培训人、团结人、使用人的办法，所以，在松下体制确立以来，培训了一支企业家、专家队伍。事业部长一级干部中，多数是有较高学历的，不少人会一门或几门外语，经常出国考察，知识面广，年纪较轻，比较精干，而且雄心勃勃，渴望占领世界市场，有在激烈竞争中获胜的志向。这是松下公司能够实现高效率管理的前提。

2. 员工培训的独到理念

在如何培训人才上，松下有自己独到的见解。

（1）注重人格的培训

名刀是由名匠不断锻炼而成的；同样的，人格培训，也要经过千锤百炼。松下认为，造成社会混乱的原因，可能在于忽略了身为社会人所应有的人格锻炼。缺乏应有的人格锻炼，就会在商业道义上产生不良的影响。

（2）注重员工的精神教育和人才培训

对员工精神和常识上的教导，是身为经营者的责任。松下力求培训员工的向心力，让员工了解公司的创业动机、传统、使命和目标。

（3）培训员工的专业技能和价值观

没有足够的专业技能，不能满足工作上的需要，但如果员工没有正确地判断事物的价值观，等于乌合之众，无法促进公司以至社会的繁荣。

松下认为，在平常应该多参考别人的意见，和自己的想法作比较，想出更好的方式，做最妥善的决定。所以，应该鼓励员工不断地努力，相互学习，研究如何才是正确的价值观。

（4）训练员工的细心

细心体贴，看起来似乎是不足挂齿的小节，其实是非常紧要的细节，往往影响大局。因为在竞争十分激烈的现代社会里，如果人们犯一点差错，就可能招致不可挽回的局面。这种体贴而用心的表现，看起来不足挂齿，其实是至关重要的。

(5) 培训员工的竞争意识

松下认为，无论政治或商业，都因比较而产生督促自己的力量，一定要有竞争意识，才能完全地发挥潜力。公司不仅要为当前贸易造就竞争强人，而且要为21世纪培训人才。

(6) 重视知识与人才相结合

知识是一种兵器，这种兵器要到了人才手上，才能发挥它的威力。松下引用汽车大王亨利·福特说过的一句话："越好的技术员，越不敢活用知识。"知识分子往往是弱者，容易陷入自己知识的格局内，画地为牢，缺乏迎战困难、打破陈规的精神，以至于无法成大功、立大业。

松下认为，今日的年轻人，多受过高中、大学的教育，所以有相当的学问、知识。由于现代社会的变迁，分工很细，公司的工作项目也愈来愈复杂。所以，年轻人具备一定的学问知识，是必要的，而且是很好的事，但重要的是不要被知识所限制。不要只专注于理论思考，而要决心去做实际的工作，在处理实际遇到的问题当中，充分运用所具备的知识。这样，学问、知识才会成为巨大的力量。

(7) 恶劣环境促使成功

松下强调，真正的培训是培训一个人的人格，知识的传授只是教育的次要目的。他认为，现在的教育虽名为教育，但不能算是真正的教育，真正的教育是提高一个人的人性。给成长中的人的知识，是给他们"兵器"，绝不是教育本身。**教育的中心，是以培养一个人的人格为第一，至于知识、技术之类，可说是附属的教育。**

一个具有良好人格的人，工作环境条件好，就能自我激励，做到今天胜过昨天，明天胜过今天，即使在恶劣的环境或不景气的情况下，也会克服困难、承担压力，以积极的态度渡过难关，开辟胜利的新局面。

正是由于松下公司重视人才的培训，并把人才的培育与促进企业发展有机地结合起来，使员工极大地提高了工作效率，提高了产品质量，为企业创造了较好的效益。松下公司大目标的达成，正是建立在无数个员工小目标实现的基础上。

第十二章

金锁玉扣：留住人才

企业经常所面对的一个问题是如何留住人才，避免人才跳槽。人才跳槽给企业所带来的损失是不言而喻的。因此，企业必须采取必要的措施防范人才流失。只有留住人才，为发展储备人才，企业才能兴旺发达，基业长青。

人才对于企业来说至关重要，能使成功企业长盛不衰，能使败落企业走向繁荣。因此，企业在成长过程中一定要把人才放在第一位，首先要招来人才。

一、薪酬是留住人才的金锁

很多企业为防范人才的流失，往往以苛刻的管理制度加以限制，却恰恰忘了合理而恰当的薪酬待遇，才是留住人才的金锁玉扣。薪酬是否合理，不能只以企业利益为标准来定，而要多听听员工的意见，多制定一些让员工无忧无虑的管理制度。

1. 给员工合理的报酬

工资是给员工的合理报酬。它应当是公正的，而且尽可能应使员工和企业（雇员和雇主）都感到满意。报酬率首先取决于不受雇主的意愿和雇员的价值观支配的环境，如生活费用、人员的余缺，一般经营条件、企业的经济地位等；其次取决于雇员的价值观和采用的支付方式。

常见的工资支付方式是计时、计件、包工三种。这三种支付方式在所有的大企业中都存在，有时以计时工资为主，有时以其他两种的一种为主。在一个车间里，同一工人有时按计件工资工作，有时按计时工资工作。这些方式各有利弊，其效果取决于环境和领导人的能力。支付方法和工资率都不能排除管理部门的科学管理，工人的热忱和车间的平静气氛也在很大程度上依赖于它们，运用得好，便可激励员工的干劲，留住人才。

既然工资在激励中有重要作用，领导者在设计工资制度时，就应遵循以下原则。

(1) 公平性原则

企业员工对工资分配的公平感，也就是对工资发放是否公正的判断与认识，是企业在设计工资制度和进行工资管理时首先需要考虑的因素。工资的公平性可以分为 3 个层次：

第一，外部公平性。这是指同一行业或同一地区或同等规模的不同企业中类似职务的工资应当基本相同，因为这些职务的知识、技能与经验的要求相似，其贡献便应相似。

第二，内部公平性。这是指同一企业中担任不同职务的员工所获工资应与各自的贡献成正比例，只要比值一致，便是公平。

第三，个人公平性。这涉及同一企业中在相同岗位工作的人所获工资间的比较。

为了保证企业工资制度的公平性，企业领导者还要注意下列几点：

第一，企业的工资制度要有明确一致的原则作指导，并有统一的、可以说明的规范作依据。

第二，工资制度要有民主性与透明性。当员工能够了解和监督工资政策与制度的制定、管理，并能对政策有一定参与和发言权时，猜疑与误解便易于冰释，不公平感也会显著降低。

第三，领导要为员工创造机会均等、公平竞争的条件，并引导员工把注意力从结果均等转到机会均等上来。如果机会不均等，单纯的收入与贡献不相等，并不能代表均等公平；实际上机会大者占了便宜而机会小者吃了亏。

（2）竞争性原则

这是指在社会上、在人才市场中，**企业的工资标准要有吸引力，才足以战胜其他企业，招到所需人才**。究竟应将本企业摆在市场价格范围的哪一段，当然要视本企业财力、所需人才可获得性的高低等具体条件而定。但要有竞争力，开价至少是不应低于市场平均水准的。

（3）激励性原则

这便是要在内部各类、各级员工的工资水准上，适当拉开差距，真正体现按贡献分配的原则。平均主义的“大锅饭”分配制度的落后性及其奖懒罚勤的作用，人们分析得已经很多了。

（4）经济性原则

提高企业的工资水准，固然可提高其竞争性与激励性，但同时不可避免地导致人力成本的上升，所以，工资制度不能不受经济性的制约。不过，企业人力资源主管在对人力成本考察时，不能仅看工资水平的高低，还要看员工绩效的质量水平。事实上，后者对企业产品的竞争力的影响，远大于成本因素。**此外，人力成本的影响还与行业的性质及成本构成有**

关。在劳动密集型行业中，有时人力成本在总成本中的比重可高达70%。这时，人力成本确有牵一发而动全身的效果，需精打细算。但在技术密集型行业中，人力成本却只占总成本的8%～10%，而企业中科技人员的工作热情与革新性，却对企业在市场中的生存与发展起着关键作用。若此时去过多计较他们的工资给多给少，岂非因小失大?

（5）合法性原则

企业工资制度必须符合国家的政策、法律。由于我国法治建设过程受过不少干扰，起步较迟，现在仍在充实完善中，所以有关劳动工资的正式立法还较少，但也不是完全没有，如妇女权益保障法中就有涉及反性别歧视的条款；此外，国务院与各部、委等也都制定了不少有关的条例与规定。但目前其立法的正规性、完备性、成熟性及执行的严格性上，与一些发达国家相比，还有不少差距，有待完善。

2. 用高薪留住人才

一个良好的公司首先是员工的工资较高，给企业的员工支付高工资是经营者的职责。其实，也可以换一个说法，让员工们生活得更幸福是经营者的职责。因此，下面的几种说法是可信的：

- 支付工资较高，只要工作不是特别累，员工是不会辞职的；
- 良好企业的工资相对较高；
- 高工资对员工来说吸引力较大。

当然，并不否认也有的企业工资较低但员工也还稳定，但这样的企业中的员工恐怕都是别处不会雇用的人。现在已经很少见到那种认为“员工只是赚钱的工具”的经营者了，这种企业是很难吸引人才的。这里有两个关系到提高工资的条件：①提高劳动率。简单地说，就是把10个人的工作交给7个人干，而且不能加班加点，这就要改变蛮干乱干的现象，而要合理使用设备，科学组织生产。这样就可以把节省下来的3个人的工资分摊到那7个人头上。②开发产品增加盈利。企业在生产经营的同时，还不断开发新产品，这样才能增加盈利，也才能提高员工工资。

“先增加利润还是提高工资”，这个问题很像“先有蛋还是先有鸡”，但对现代企业来讲，可以肯定地说要“先提高工资”。即使暂时困难，也要勇于克服，道路终会畅通。提高工资后，就会使经营者抱着“背水一战”的决心，不达目的决不罢休。

也许从高效率到高薪资是合理的，但从高薪资到高效率却更能激发员工的热情和干劲。**精神和物质两方面的充实，才能唤起员工的工作意愿。**

一般来说，经营的原则应该是高效率→高薪资，只有效率提高、产量增加、利润增长，才可能支付较高的薪资。环视世界各地的企业，无论纵观还是横览，很少有违反这一自然原则的。

第二次世界大战结束后的初期，发动战争而又战败的日本，国计民生自然没有什么好气象。处此境地，许多公司裁员、减薪，比比皆是。这无疑是对员工的打击，说到底也是对公司的打击。许多老板深明此理，却又无可奈何。就在这时，松下在公司提出了加薪的主张，实行高薪资、高效率的政策。

这种有违常理的政策施行起来，有着不可估量的困难。困难倒不在认识方面，而是在资金方面。当时，企业和员工一样，都是相当困难的。员工有生活之虑，企业也有无米炊之感。同时，当时的地方政策有“薪资统制令”，严格限制公司给员工加薪。就是在这种内外交困的情形下，松下还是义无反顾地推行了他的方针。他说服了地方政府，号召员工在高薪资的条件下积极、努力工作，创造出高效率来。

松下的薪资方针是冒着很大危险的。众所周知，**高薪资并不等于高效率，假如发放了高薪资却激发不出高效率来，企业必将岌岌可危，出现严峻的生存问题。**松下出于对人类品性的良好认识，果断地推行了这一方针，获得了巨大的成功。

松下的薪资方针，在当时确实是非常有效的。二战后，日本民众生活普遍困难，温饱有虞，当然要波及生产。要促进生产，必须使员工没有后顾之忧。这是当时的特别情形。而马斯洛的人类需求理论，更给这种做法提供了理论基础，虽然松下未必知晓这种理论。

马斯洛认为，人类的欲望和需求有5个阶段，第一个阶段是生理需求，指生命的维持、饮食、睡眠等；第二阶段是安全的欲求，即在危险当中保护自己；第三阶段是社会欲求，即被社会接纳；第四阶段是自我欲求，即想拥有地位、受人尊重等；第五阶段是自我实现的欲求，即发挥自己的能力、实现自己的抱负等。虽说这几个阶段的欲求因人因时因地而异，并不一定如此，但基本的欲求则是无论如何也要先满足的。松下当时推行的薪资方针，正是与此相吻合的。

其实，满足基本需求，也不仅仅是薪资的问题，劳动条件等等也都是如此。**想要员工能够充分地发挥他们的才能，经营者就要特别留意他们的劳动条件。**

二、福利让员工无后顾之忧

福利设施对从业人员来说是一种薪水以外的收入，比如，有的企业经常给员工分发日用生活品，节假日时还发许多副食品。企业若备有宿舍，不花钱或支付很少一部分房租就可住得舒适安稳，要参加团体活动也较容易。总之，员工可从企业得到种种的方便。

1. 福利是员工努力工作的重要前提

大企业都在致力于改善福利措施，这与高工资、休息日多，并称为企业“三大法宝”。在日本，对员工影响很大的是企业能够资助员工购买住宅。某大企业扩大了以员工为对象的住宅融金网，以3%的利率借给管理人员3000万至5000万日元，这比银行的住宅贷款5.5%的利率低得多。另外，企业还利用本身所拥有的不动产来改善员工的住宅条件。原先员工独身宿舍有不少是简易的木结构房，有的是2人同室或3人同室。这种状况只能使年轻人厌恶。现在已经有了用电脑管理的独身宿舍了，住在那里的员工生活都由电脑来控制，只有持宿卡的人才能进去，私生活绝对保密，安全上也完全保证。

在这“三大法宝”中，中小企业最不愿花费资金解决的就是福利措施。但是，如果从员工的角度来看，他们要长年在这家企业工作，最关心的就是福利措施。

提高福利待遇，能够使员工无后顾之忧，能够促进员工心情愉快地投入到工作中去。

不过，许多善意的企业领导者都以为给予雇员慷慨的福利待遇，如组织员工旅游等，就能增加企业的凝聚力，结果却发现雇员变动率丝毫没有下降。

平心而论，企业出钱组织活动，那些超额完成任务的员工当然可以问心无愧地参加。但是，没能完成任务的员工也参加，就起不到奖勤罚懒的作用。正确的做法应是：**让超额完成任务的人去旅游，让没有完成任务的员工留在企业继续工作**。这样看起来有点不讲情面，但实际上所起的作用却是积极的。旅游的员工感到光荣，备受鼓舞，日后定会更加努力工作；在家工作的员工会感到惭愧，心里会有一种摘掉落后帽子使劲干、争取超额完成任务、加入先进行列的想法。

美国的罗恩·卡多斯在经营他的位于波士顿地区的第一个美食连锁公司的时候就发现了这一问题。那时，尽管他给予计时工医疗和人寿保险、带薪度假、病假工资等福利待遇，但是雇员变动率平均每年竟高达300%。对于零售部门来说，这种情况虽然不足为奇，可是却让他感到很不是滋味。

正因如此，当他于两年前在马萨诸塞州海恩尼斯附近的巴恩特布开办第二个食杂公司的时候，他尝试着采取了另外一种办法：除了保留原来给予雇员的八折优惠的购物待遇以外，他不再向雇员提供其他福利待遇，而是增加起点工资，每隔3个月就对所有雇员的表现进行一次评审，对表现好的不仅提出表扬，还给予提升工资。他还让雇员们有机会“适度地”加班工作以便多挣点钱。结果是，其雇员变动率大幅度地下降，而且雇员们都感到很满意。

卡多斯说：“我不再给予雇员我认为他们想要的东西，而是给予他们真正想要的东西，即在周末能得到数额更大的工资支票，这才是最为实际的。”

在英国，有些企业有比较优厚的员工福利待遇。英国最有效率的马克士·斯宾塞零售公司认为，“福利”首先是指关心个人的需要和健康。公司的一个董事说：“我们照顾关心员工，并不仅给予福利。”这就是说，照顾员工是目的，福利是手段，出发点是人的关系。为了优先关心员工的福利，企业采取了一系列措施，有些不仅超过了员工福利的法定要求，而且大大超过了与之竞争的其他企业准备给而未给的福利。该公司于1934年就成立了福利委员会，福利委员会每周开一次会，从未间断过，平均每周讨论8件事，大多涉及员工和他们的家属，如贷款、补助金、长休假、减少工作时间等，有时还提供法律性或医务性的咨询、帮助。

福利委员会有一个令人注目的特点，即**预算不封顶，费用不受限制**。该委员会由9人组成，都不是公司的董事，但却有充分的自主权来处理一切困难、灾难事件，他们所做的决定和建议，很少遭到拒绝。所以，从某种意义上说，福利委员会为员工们提供了安全网，不管有什么困难，也不管困难有多么严重，都不愁无人相助。委员会对90%的事件可立即做出决定，在任何情况下，对所有的事都能尽快地做出处理意见，并通知有关个人，或告知几天内可有结果。公司为有这样一个委员会而感到自豪。

马克士·斯宾塞公司1.3亿的股份属于235000个股东所有，绝大部分都是个人小投资者，有70%的股东所持股在200股以下，最大的股东是咨询委员会，其股份占总数的7%。公司的董事们占有不到0.5%的公司财产。公司的22000个员工，按照公司的盈利分配规划，都成了股东。

2. 福利计划是温情脉脉的新招

要最大限度地留住或争夺人才，光靠薪酬显然不够，还得把福利计划排上日程，为员工们提供更多的和更好的福利措施。

有些福利是显而易见的，如航空公司为员工提供免费机票、百货商店给员工的供货折扣以及允许给员工贷款等。有些是一时风行的，如数量不一的奖金、弹性工作时间、股票购买权和“自助式”福利计划等。还有一些则标新立异，例如，微软公司任意饮用的免费果汁和汽水、奔捷利公司每日3品脱的免费冰激凌，以及组合国际电脑公司每日为他们员工提供的免费早餐，等等。

所有这些举措都在成为越来越多的领导者密切注视的焦点。关注者既有指望接受这些福利的人，也有想利用福利吸引、留住人才的企业。以前，福利并不为这两方面的人看重，但现在不同了。在许多情况下，福利在一位员工的报酬中已占一半的份额。这种高比重可归因于对企业福利产生重大影响的趋势：商业环境愈发严峻、工资成本不断提高、劳动力市场流动性加大以及工作价值的多元化。

(1) 论功行赏

许多福利方案为企业提供了免税增加报酬的办法。有些福利方案令企业把固定工资成本转变为可变成本，从而解决了亚洲地区日益突出的一个问题，即工资增长率开始超过企业的年增长率。

绝大多数的企业将报酬同企业总效益挂起了钩。在更成熟的市场，报酬甚至同部门效益和个人工作表现也是挂钩的。

(2) 健康状况

医疗、人寿保险和退休方案也同样很普及。从事全球人力资源咨询的华森公司对亚洲 1000 家企业进行了调查，发现医疗/保健是最普遍的福利。由于各地政府不愿意提供社会医疗服务，企业开始提供自己的医疗福利。虽然医疗方案千差万别，但除了韩国和印尼外，这个趋势十分明显。在韩国和印尼，提供住院福利的比例相当低，分别只有 44% 和 23%，而在其他一些国家，这个比例则高于 90%。

(3) 福利设计

在面对着这么多可供选择的福利方案时，有些企业所采取的是一种“自助式”福利政策，即员工可利用企业分配给他们的积分来选择自己的福利；同时，企业也得以将部分工资年增长额转移到养老金和以后的报酬中去。

设计有竞争力的福利方案已经成为人力资源的一大挑战。设计出最合理的方案的公司是那些引进搜集了这方面翔实资料的公司。世界十大化工公司之一的帝国化工公司在亚洲地区的销售额占其销售总额的 1/5，该公司所采用的就是这种“自助式”方法。

(4) 职业道德

企业还必须注意职业道德问题，尤其是对高级经理。由于有些事业机会十分诱人，让人无法置之不顾，一些高级经理人也就难免会做出有损于所在企业组织的事，即跳槽。

于是，许多公司制订了十分苛刻的福利条款，使得跳槽变成了一件十分不易的事情。许多制裁条款规定，如果经理人离开公司之后从事被视作对原公司不利的活动，如为竞争对手工作或者挖其他员工离开公司，那么他就必须放弃他的股票购买权。

薪酬专家一致认为，**在劳动合同中应有某种形式的非竞争条款来约束经理人，以提高员工忠诚度、保护商业秘密**。这些条款能够营造诚实、直率的氛围。

帝国化工公司的一位高级经理人对此嗤之以鼻，“这不过是一纸空谈而已。聪明人早晚总会找到避开这种条款的办法。”

抛开这种讥讽不谈，福利在亚洲地区确实不再是边边角角的事了，而是竞争力的中心内容。事态的发展令人们很快意识到，**福利不仅仅是蛋糕上的糖霜，甚至可以比蛋糕本身更好**。而对该地区的企业组织来说，这也是一个温情脉脉的新招。

美国花旗银行是在新加坡率先采纳创造性福利措施的企业之一，其最初的目的是要稳定银行的职员。该银行引入了一套计分系统，员工可以据此进行计分，然后以积分换取最适合他们的福利。比如，女性职员可以选择延长产假，而单身员工则可能愿意减轻按揭负担。这套体制使花旗银行的职员流失率降至当地最低水平。

惠普新加坡公司的蔡建华对亚洲地区所面临的薪酬挑战进行了一番总结，他说：“如果我们削减福利只是为了节省成本，仅仅是取走了员工的福利，这种策略是错误的。因此，我们的挑战在于如何设计一个福利方案，既能做到保持平衡、富有竞争力，又不至于增加成本。这显然需要创意、创新了。”

三、未雨绸缪，避免人才跳槽

人才是企业的重要资源，绝不可轻易让其溜走。如何挽留人才，办法多多：企业应未雨绸缪，早做防范。

1. 让员工拥有归属感

优秀员工“跳槽”，会使企业在人才方面蒙受不小的损失。这一问题必须引起领导者的充分重视。

今天的年轻人更注重家庭生活。工作选择的专业范围扩大了，对工作的各方面因素也变得越来越挑剔，如工资、住房、人际关系、福利待遇等等。他们容易“跳槽”，对单位的依赖感和亲近感远不如年老员工。他们最看重的，往往是收入问题，不像中年人那样偏向稳定。他们往往在获得了一定的工作经验和能力之后，“跳槽”到条件更优越的单位去，谋求更好的发展机会。

这种人不太受欢迎，固然他们有充沛的精力、足够的能力，一旦“跳槽”，则使原单位在人才、信息、公关以及正常工作程序方面都受到重大的损失。业务骨干的跳槽甚至会使相关工作中断。对这类员工，你在欣赏他的优点的同时，不能不为他的野心感到担忧和焦虑。

在接受“跳槽”员工之前，要事先查看一下他的记录。他的工作能力固然重要，他的目的也不容忽视。**纯粹将你的部门作为跳板的人在录取的时候要慎之又慎，不要等你依靠于他而他要跳槽时再想办法补救。**

“跳槽”现象在理论上说大都可以避免。如果在原单位能发挥自己的作用，能受到充分的肯定、重视，谁愿离开熟悉的环境投入到另一种不可预知的环境中去呢？因此，企业管理人要针对青年人的特点，有意识地培养他们对公司的感情，防止跳槽的发生。

受过良好教育的年轻人自尊心强，争强好胜，自我感觉良好、更富有个性，敢于突破各种权威和规章制度的束缚，积极参与和自己有关的各项决定。这对于正在发展中的企业来说则是积极因素，对力求稳定的企业来说是消极因素。

一个积极上进、有所作为的领导，要和年轻的员工多交流、多沟通，帮助他们解决问题，提高效率，同时也是帮助你自己更好地管理本部门，更好地完成工作任务。

我们常常看到这样的招聘广告，其条件要求：“大学本科学历，三年以上相关工作经验，本市正式户口，35 岁以下。”应这种招聘而来的人很容易跳槽。既然公司招收他们的时候纯粹是现招现用，他们一旦另有高就，则会毫不犹豫地走人。而从一开始将他们培训成优秀员工，解决了他们许多长期或具体的困难，其员工在工作一段时间后培养起良好的人际关系的单位，一般在较差的条件下也往往能成功地留住人才。要依赖自己培养的人才并成功地留住他们。

2. 除了加薪还有别的高招

人才是企业的重要资源，尤其是那些由企业一手培育出来的管理人才、技术骨干等，更是花了企业不少宝贵时间，绝不应让其轻易流走。

如何挽留员工？除加薪外又有什么方法？

员工外流，不外乎为名、为利、为争口气。为名者，希望职位上、名衔上有改善；为利者，更加简单，一切向钱看；争口气者，则不满上级的不公平对待，跳槽为求证明自己的能力。

为利者，企业可以增加其他额外福利，如医疗津贴、房屋津贴、交际津贴，甚至汽车津贴等。这样一来可以令员工的收入增加，二来也避免大幅加薪。

至于为名的员工，企业则要看看有什么方法可提高该员工的职衔但又不用牵一发而动全身。

至于为争口气的员工，企业一定要弄清楚人事斗争的背后原因，不妨把他调往另一个部门继续为企业效力。

除上述方法之外，还可以通过以下5种方法来提高员工的归属感：

- 为他们提供良好的工作环境；
- 制订利润分享计划；
- 让他们享有选购公司产品的折扣及优先权；
- 尽量采用内部升迁，使得人人都有晋升的机会；
- 在特殊节日里向他们分发一定价值的礼物。

3. 早做防范防“跳槽”

认真分析优秀人才“跳槽”的原因，以及采取妥善的应急措施或许能收到一定效果；但是，“天要下雨，娘要嫁人”，实在要走，你采取什么办法也是无济于事的。

人才“跳槽”主要有以下几种情况，作为企业领导，你应当对此心中有数，及早采取有效的防范措施，别等到“天下雨”、“娘嫁人”那一天。

(1) 不辞而别

如果优秀人才不辞而别另择高就，企业上下事先却无人觉察或知道但没人报告，实际上这是企业经营管理不善的反映。对此应早有发现，并尽量使其回心转意。

(2) 怀才不遇

一个员工工作量的多少并不能说明他对企业的满意程度如何。经常有人仅靠自己的能力和遵守企业的管理制度就能圆满或超额完成自己的定额，但内心里他并不真正喜爱这份工作。

有位负责销售工作的部门主管，工作成绩在公司连年都超定额，收汇、利润都很可观，是公司的骨干。但他却对制作电视广告情有独钟，希望有朝一日成为电视制作部门的主管。从公司角度出发，他留在销售部门是最理想不过的，但他却一心想往到电视部门。此时，如果有合适的广播电视公司，他一定会义无反顾地离开销售工作去搞电视制作。

最好的能挽留他的办法是：让他同时兼做两项工作。如果他确实才华横溢，兼做两份工作都很出色，不仅满足他对兴趣的追求，又为企业留住了人才，不会因人才流走而担心销售额下降了。

(3) 与领导不合

与领导不合的原因是很多的，人们常常认为责任在领导。如果领导能在发生冲突时显出自己的大度胸襟，不去斤斤计较部属，那么许多问题是可以解决的。

作为一名领导，对其部属的不满应尽量体谅，而员工则应随时把自己情绪上的波动、工作中的合理要求及时告诉他。**当领导的人不可能真正了解员工的内心世界，相互经常地进行沟通、思想交流是保持上传下达、减少隔阂的有效办法**。

大公司的领导者不可能认识所有员工。但精明的领导者每当下属要求接见时，总会安排时间，无论时间长短，去倾听他们的意见和建议。这种办法确实十分高明。

(4) 破格任用

当你的公司招聘到一位能力强、有开拓创新精神的年轻人，并且舆论公认此人日后必然会成某经理的接班人时，你必须认真思考：给他什么样的职位，如何提拔他更好?

如果在他的任用问题上稍有疏忽、处置不当，将会给企业带来不必要的麻烦。要么这位能者会因位置不好而另寻高就；或者会使那些资历比他高、工作时间比他长、职位较低甚至较高的人为此而抱怨公司一碗水未端平，厚此薄彼。**用人的事，不是小事，不可轻视。**

(5) 注重年轻员工的早期培养

对于刚刚离开学校到公司工作的大学生、研究生，若不加强管理、注重早期培养、压担子的话，在两三年内他们最容易“跳槽”。他们年轻有为，前程远大，正是企业的希望所在，并且已熟悉了公司业务，如果让他们流失，公司将花费很多时间和精力再去培养新手。对这些，不少企业并没有引起高度重视。

假如一位胸怀抱负的能人在企业里仍做低级职员的工作，其才干并没有得到充分肯定，此时此刻他要求离职另求发展是很正常的。

避免这类不愉快事情发生的办法是：**把新来的员工看作是企业的一笔长期投资，精心地培养、督促他们。**安排企业有能力的主管或员工指导他们，让他们承担一些力所能及或是超过其能力的工作。这一切就如一个长期项目，并不期待马上得到回报或收回投资。只要他们在公司工作的时间愈长，企业得到的回报将愈大。

(6) 高工资的诱惑

更高的薪水，当然是一般人“跳槽”的最大原因，对此没有什么最好的解决办法。

即使你为增加工资而与员工谈判，无论你采取哪种处理办法，对企业和员工都无好处可言。著名的波音公司的专家们对450多名跳槽者的调查表明，其中有40名为增加工资与老板进行了谈判，27名因被加薪而留下来继续为企业效力；但不到一年时间里，其中25名因各种原因又离开了公司。实际上，工资的多少并不是真正让他们继续留下来的关键。

4. 亡羊补牢犹未晚

每逢年关，也是各大企业大换班的时候，许多人也会等拿了薪水而跳槽。员工跳槽的原因很多，而且是无法避免的事，但如果你发觉在同一时间有大量员工辞职，便要仔细找出原因所在。

突然出现大量员工辞职的原因，可能是由于：

- 公司内有不利的传言四散；
- 某部门主管拉拢下属跳槽；
- 公司内有剧烈的派系斗争；
- 某主管工作不力，令下属纷纷辞职。

对于第一项，领导先要找出谣言的源头，加以堵塞。譬如，某会计部职员发觉企业亏损严重，四处通知同事另谋出路；或传出领导者移民，有意出让公司等。

堵塞了传言后，应立即向员工讲清楚企业的实际情况，比如，公司去年成绩虽然不好，但对未来仍有信心，而且公司资金充裕，所以不会裁员等等，以安抚人心。

如果是第二项，对于一些重要的主管离职，应当要求他保证在一定时间内不拉公司的客户或员工跳槽，以保证企业能继续正常运作。

至于第三项，如属派系斗争，则一定要召见派系领导人，对他们的私斗严加斥责，并重申如情况得不到改善，一定将各派领导人撤职。

如果是第四项的话，则更加简单。**若发觉真的是该主管办事不力、行事不公，可以把他撤换。**这一来可以平息民愤，二来可以反映出公司知人善任，对公司内每一环节都十分清楚。

5. 攻心为主，善始善终

在每个组织中，难免会出现“身在曹营心在汉”的不安分的雇员，由于在其他地方的预期收益与发展机会会优越于你的组织，他们要选择“人往高处走”的明智策略。这对个人发展来说是无可厚非的，但对你的组织来说并不公平。

你也许已经给了他们很优厚的待遇，或是为了培养他们投入了巨大的心血与财力。他们弃之而不顾，毅然出走，对你与组织来说肯定是财力与人力的损失，对你自尊的伤害。

这些想跳槽的员工是“身怀绝技”之人，或是怀有雄心大志之辈，使用高压手段硬留他们只会导致鸡飞蛋打，不利于问题的解决。**对待他们，最好本着“攻心为主，善始善终”的原则。**

当你发现了员工中有不安定情绪在滋生与骚动时，就必须要出击了。先要做好安抚民心的工作，你可以适当地向他们做一些承诺，前提是你有过兑现承诺的记录，承诺的作用是先让他们吃个定心丸，继而为以后的攻心战赢得时间。**攻心要以理服人，以情感人。**你可以摆出企业组织发展的前景与当前的短暂困境，你要强调未来的辉煌，而不是虚夸。这里，你还要对跳槽者在企业组织中的地位做出坚决的肯定，造成他良心及责任感的发现。当然，在攻心战中，你可以提及企业组织为他个人的发展做出的巨大投资，以唤起他的良知。这里的艺术在于尺度的把握，因为提得过多，会使员工产生组织一直是在利用他，而不是拿他当自家人对待的想法。

攻心战要靠你个人的智慧与处理问题的技能。对去意已定的员工来说，你的努力也许会白费。在这个时候，就别梦想着终有一日他会浪子回头了。你要做的就是善始善终，皆大欢喜。

跳槽者走时总会带着一定的愧疚，你不妨对他说：“这里的门时刻为你敞开着，有空来坐坐。”这一句话，撞击在他的心头，也许会“震动”得他眼眶中的热泪滚滚而出呢！在新的环境里，他是不会忘记过去服务过的这个温暖的集体的，也许在以后的业务往来与经营中，他还能鼎力相助！

四、如何对待执意辞职的员工

1. 不必强行卡留要求辞职的员工

现在企业经常遇到这样的事，某些企业需要的技术骨干或是重要岗位的员工如司机、业务员等要“跳槽”，到效益更好的单位（如外资企业）或大机关。这些员工都是企业的精华，一旦流失，企业损失很大。于是，企业坚决不放，辞职都不允许，人走了也不给档案，还以退房等手段卡住不放走。想走的员工也托关系、走后门，或者大吵大闹纠缠领导，有时甚至闹到剑拔弩张水火不相容的地步。有这样一个典型案例：北京某公司技术科负责人郭某设计的产品曾多次获奖，对公司贡献颇大，公司奖励过郭某一套房。后来，公司怀疑郭某私自为外公司干活，撤销其科长职务，调到与技术无关的岗位。郭某因为发挥不了特长，要求调到某外资企业。公司坚决不放，因为当时公司经营十分困难，专业队伍不稳定，同意郭某调走会使更多的技术人员外流，现在不安排工作只是暂时的，以后还是要用的。而郭本人去意已决，说什么也不在公司里干了。最后，经人才交流中心仲裁，郭某终于去了外资企业，但公司一直不给转行政关系、组织关系。此局面僵持了好几年。

某外资企业好不容易招聘到的几名德语翻译，突然提出辞职，中方管理人员坚决不同意。因为合同未到期，放走几人会跟走一大批。问题反映给外方总经理，总经理批示很简单：“凡是要走的员工都应该同意他们走，强制留人，心情不舒畅，是做不好工作的。”走时，总经理专门开了欢送会，送给每人一份礼物，表示以后有困难可以直接找他，愿意回来也可以。他的一席话说得大家热泪盈眶，以后，果然其中好几人又回到这家企业，并且还推荐了几个人来应聘。

2. 理性地对待员工“跳槽”

究竟如何处理员工执意“跳槽”或辞职？

首先要搞清人才流动的意义、作用和发展趋势。人才流动是人事制度改革中的新事物，对传统的干部“部门所有制”、“员工服务厂家终身制”是一个冲击、一场革命。**人才合理流动有利于生产资料和劳动力的最佳组合，充分发挥人的潜力。**随着改革的深化，人才流动将有更大的自由度。发达国家的人才流动是很频繁的，不必赘述。我国很多开明的企业家也欢迎人才流动，如一位求职大学生问某著名企业家：“调入后还可以再出来吗?”这个企业家爽快地回答：“当然可以。”

其次，对企业来讲，人才流动也是好事。传统的国家统一分配科技干部的方法实际上已满足不了企业的需要，企业可以到广阔的人才市场去挑选人才。然而，人才流动对企业产生较大的压力，要留住人才，企业就要有凝聚力，就要重视人才，关心爱护人才，为人才成长创造一个好环境。**我们的工作重点要放在如何增加企业凝聚力上，而不是采用种种行政措施不让人走。**有些人跳槽为了钱，但也有相当多的人跳槽是因为人际关系不融洽、特长得不到发挥、得不到领导重视。当然，这里指的是人才的合理流动，如仅为高收入抛弃了技术专长、人才流动过分集中、涉及保护国有企业技术机密等问题时，权威部门要有相应的政策，从宏观上调控人才流动的方向。

再次，对于执意要走的员工还要搞清他走的动机。是因为和领导、同事关系不融洽、离家远，还是因为企业效益差?然后再做说服劝告工作。如果企业在用人、关心人等方面确有失误，可以坦率地承认并立即改正。任何企业都不可能把所有事考虑得那么周到，承认失误，正好表示爱才的坦诚，可以劝告其眼光放长远点，着眼于企业前途，希望他增加点责任感、使命感，与企业同舟共济，共渡难关。总之，要对症下药，但是千万不要说“只要我在一天，你就别想调走”之类伤感情的话，这只会激化矛盾，他要是还有点犹豫不决的话，这会儿也铁了心。因为他明白，即使不走，今后也没好果子吃了，甚至会向极端方向发展。如果做了很多工作，对方仍然要走，明智而现实的做法是开绿灯放行。因为强扭的瓜不甜。留人留不住心，人才潜能发挥不出来，只能产生副作用：一是个人不好好干，甚至吃里爬外，把单位技术资料外传；二是搅乱人心，影响其他人。有些企业反而采取升级的办法，对要调离者降职、调换工作，企图“杀一儆百”，最后发展到意气用事，企业为不放人而不放人，个人为调走而调走。其实，这正好南辕北辙，要调走者后路已无，一心要走，舆论也会日渐同情他。因为骨干人员一般对单位都做出过贡献，现在和单位闹僵被贬，大家会感到为单位卖了命落到如此下场而寒心，害怕自己有一天因为调走或什么事得罪了领导，和他一样下场。这实际上也挫伤了不走者的积极性，损害了企业形象。如果我们像上述那位外方总经理一样，效果恐怕会大不一样。开一个小范围的欢送会，肯定过去的成绩，给予实事求是的评价，表明忍痛割爱的心情。这样的好聚好散是有战略眼光的做法，调离者感恩戴德，留下者看到企业爱才，处理问题实事求是，充满了温馨和人情味，不是人走茶凉，无形中企业树立了良好的形象。

需要强调的是，企业如有正当的理由，完全应该理直气壮地维护自己的权益。如某些大学生与北京一些企业签订的服务合同期未满就想走，一些人利用企业做进京跳板，一进京就想走，这些都是不允许的。国外高薪雇佣的球星都必须在合同期内履行义务，否则将追究责任。这是一个基本的法律常识，企业当然不能放。即使同意调走，也必须按有关规定办理，该退的培训费要退，该上交的技术资料要交清，这些都属具体操作问题，不作赘述。

第十三章

借助他人：善于利用外部智慧

企业除了开发、利用好自身的人力资源外，还要善于利用外部的人力资源。借助他人为自己谋利，善于让他人为自己的企业创造财富。“好风凭借力，送我上青天”。借助他人之力能促进企业少投入多产出，飞速发展，走向辉煌。

一、善于发挥智囊团的作用

现代社会是十分复杂的，政治、经济、文化等各个巨大系统，纵横交织在一起，而现代科学技术、生产力的飞跃发展，又使社会中的各个系统处在不断地变化之中。面对着这样复杂的、不断变化的社会，任何高明的领导者，单靠个人的能力都是不够的，他还必须借用他人的力量，即发挥智囊人物或团体的决策参谋作用。任何一位高明的领导者都必须充分认识智囊团的功能，并积极发挥其作用。

1. 智囊制度的产生

智囊人物古已有之。我国古代所谓食客、谋士、军师、谏臣，即为智囊。这些人为当时的统治者出谋划策，安天下，治国家，御外侵。历代统治者也都懂得，要巩固自己的基业、扩大自己的统治，单凭自己的能力是不够的，因而不少统治者广纳贤士、贤臣、谏臣，如秦始皇招纳李斯、韩非等人才，刘邦重用张良、萧何、韩信等贤士，刘备更是“三顾茅庐”，请求诸葛亮出山。这些历史上著名的谋士都为当时的统治者贡献了巨大的智慧。**现代智囊团就是由这些古代的用贤方式发展而来的。**

智囊制度在国外也有着悠久的历史。17 世纪 30 年代，瑞典国王古斯塔夫二世在他的军队中，以不正规的形式设置了咨询助手，在国王需要时，助手便发挥作用。17 世纪中叶，法国路易十四的军队中，就有了参谋长的职位，他为军事首长出主意、想办法。19 世纪初，普鲁士军事改革家香霍斯特在军队中建立了参谋本部制，用参谋的集体智慧协助军事统帅进行决策。1828 年上任的美国总统杰克逊，把一些杰出人士安插在他的周围，这些人虽没有官职，但对总统却有很大的影响，杰克逊常和他们在白宫的厨房内讨论国事，决定大政方针，被人们称为“厨房内阁”。

智囊人物虽然古已有之，但智囊团却是现代社会的产物。英国在 1913 年创立的咨询工程师协会，是现代智囊组织的雏形。第二次世界大战期间，由于科学技术的进步，交战的双方在先进的军事技术的发展部署和运用方面展开了竞争。美国把一些科学家和工程师集中起来参与军事指挥，保证了军事的需要，取得了巨大成功。第二次世界大战以后，美国陆军航空部队与道格拉斯飞机公司签署了一项合同，在道格拉斯飞机公司建立一个从事“洲际战争的广泛题目”的研究部门，为陆军航空队推荐运用于战争的武器，这就是所谓的“兰德计划”，进而又成立了一个综合性的战略研究机构“兰德公司”。兰德公司被称为西方世界“智囊团”的开创者，现已誉满全球。随后，世界各国都建立了相应的智囊机构。

2. 现代智囊团是领导决策过程中必不可少的机构

现代智囊团是领导决策过程中必不可少的机构，主要表现在：①现代科学技术飞速发展，各种知识不断更新，领导者个人根本无法迅速接受所有的新知识，因此，需要智囊团予以帮助。有人统计，20 世纪 70 年代以来的发明、发现超过以往两千年的总和，18 世纪知识的更新周期大约 80 ~ 90 年，19 世纪减少到 30 年，近 50 年又减少到 15 年，而当代某些领域内的知识更新，周期只有 5 ~ 10 年。自 20 世纪 70 年代以来，世界每年出版图书 50 万种，平均每分钟出版一本图书。各学科之间相互渗透和融合，各种新学科、边缘学科和新的理论层出不穷。在这样的情况下，**领导者进行决策，没有智囊团的帮助是不可能的，任何一位有能力的领导者仅凭个人智慧难以做出合理科学的决策。**

我国正在进行社会主义现代化建设，必须适应国际上激烈竞争的现实。现在西方各国都建立了庞大的智囊团，服务于财团、金融系统、军事机构。有高科技的支撑，智囊团就发展得很快。如果我国在这方面不予以重视，势必造成落后的局面。现在，我国国务院各部委以及省市的一些部门相应建立了一些咨询公司，就是时代发展的需要。它们在提供信息、超前决策、跟踪服务等方面发挥着重要作用。

“智者千虑，必有一失”。作为领导者，日理万机，难免有考虑不周的地方，甚至在有些地方钻牛角尖，如果没有智囊人员的参谋就难免出现挂一漏万的情况；在处理重大问题时，也不可能对其前因后果都了解得非常清楚。因此，**任何高明的领导者都需要借助智囊人物的智慧。**

3. 现代智囊团的主要作用

现代智囊团有以下几个方面的主要作用:

其一，智囊团根据领导者提出的问题，组织专门力量进行调查研究，搜集信息，积累资料，作为决策的科学依据。例如，我国的中央农村政策研究室，通过对各阶层反映的问题进行研究，以及对资料、情报等进行加工整理，为农业方面的决策提供依据。

其二，智囊团在认真调查研究的基础上，制定若干决策方案。这些方案考虑、分析了各种社会要素，经过了智囊团的科学论证。多个决策方案可供领导者选择使用。

其三，智囊机构还为社会培养、储备和交流人才。如我国的各种人才交流中心、培训中心等，都是积极为社会提供人才的机构。

随着现代科学技术和社会、经济的发展，智囊团的社会作用越来越大。正因为如此，第二次世界大战以后，各国的智囊团发展越来越快，规模也越来越大，并且，出现了独立的、为全社会服务的，而不是隶属于某一领导人物或领导机构的智囊组织——咨询公司或咨询研究所，如美国的兰德公司和布鲁金斯学会，日本的野村综合研究所、亚洲经济研究所等。我国也有类似的机构，如各类经济研究中心、信息交流中心、情报研究所等。

这样，现代智囊机构就有两种类型：一类是为某一领导或某一领导机构专门设置的参谋机构；另一类是社会上独立的、为全社会服务的咨询机构。

下面将分别介绍如何发挥这两种类型的智囊机构的作用。

二、积极发挥专门智囊机构人员的作用

现代智囊机构往往就是为某一领导者或某一领导机构专门设置的，这种机构中的智囊人员就在领导者身边，任何一名领导者都必须善于发挥这些身边的智囊人员的作用。要发挥智囊人员的作用，充分调动他们的工作

积极性、主动性和热忱，领导者就应掌握一定的方法、艺术。

1. 尊重贤士，视为知己

古人说："王诚博选国中之贤者，而朝其门下，天下闻王朝其贤臣，则天下之士必趋于燕矣！"又说："指而事之，北面而受学，则为已者至。"这说明，只有礼贤下士，才会争得更多的谋士良才。三国时，刘备"三顾茅庐"，以己之真诚，深深地感动了诸葛亮，从此为建立蜀国"三分天下"奠定了基业。楚汉相争时，项羽虽然自幼熟读兵法，武艺超群，力大盖世，但他刚愎自用，不容良将贤臣，放走了韩信，气跑了范增，结果落得垓下自刎的下场。这正反两个方面的例子都说明礼贤下士、尊重人才，是能否调动智囊人员工作积极性的关键。以史为镜，可知兴衰。时代发展到今天，智囊人员也由少数几个人而发展成为智囊团体，领导者只有尊重这些智囊人员，才能获得他们的信任，从而调动他们的工作积极性，从他们那里得到真正的智慧。中国有句古话，叫作"士为知己者死"。**以仁义施之，以礼待之，把身边的智囊人员视为知心朋友，就不愁智囊人员不为领导者贡献出聪明才智。**

在现实生活中，事实上存在着这样一个问题：礼贤下士，对于一般领导者来说，比较容易被接受，而对一些确实很高明的领导者来说就不容易了。确有一些领导者才华横溢，智力过人，在工作中也是成绩卓著，但这样的领导者中有些人就刚愎自用，固执己见，看不起智囊人员。这是很危险的。前面所说的楚王项羽的结局正说明了这一点。智囊人员并非处处高明，也不是处处比领导者高明，领导者绝不是事事必须听他们的意见；但是，智囊人员确是学有专长，在某些方面有着比领导者高明之处。富有才华的领导者也不可能处处高明，只有借用智囊人员的高明之处，才能真正做到决策中万无一失。因此，**领导者切忌刚愎自用，自以为是，而应该虚怀若谷，恭敬待人。**只有这样，善于借用"外脑"，才能算得上是真正高明的领导者。在这方面，我们需要学习敬爱的周总理。周恩来同志智慧超群，才华超众，有着很高超的领导工作艺术，一生中处理了无数国内外的棘手问题，但他从不自傲，与各阶层的贤达之士广泛地交朋友，在决策和处理问题过程中，虚心听取各方面的意见，包括反面意见。因此，周恩来同志赢得了信任，在工作中得到广泛的支持。所有的领导同志都应该以周恩来同志为镜子。孔子说："三人行，必有我师。"大思想家尚能有如此甘当学生的胸怀，我们后辈还有什么话可说呢！

2. 不设框框，任其自主

曾任美国通用汽车公司总经理的斯隆，聘请著名管理学家德鲁克任该公司管理顾问，第一天上班时就告诉他："我不知道我们要你研究什么、要你写什么，也不知道该得出什么结果。这些都应该是你的任务。我唯一的要求就是希望你把认为正确的东西写下来，你不必顾虑我们的反应，也不必怕我们不同意，尤其重要的是，你不必为了使你的建议为我们接受而作调和、折中。在我们的公司里，人人都会调和、折中，不必劳驾你，你当然也可以调和、折中，但你必须告诉我们'正确'的是什么。"

斯隆总经理的这番话，说明了领导者发挥智囊人员作用的一个重要技巧，即领导者不应以任何形式把自己的主观意志强加给智囊人员，而应积极地为他们创造一个独立进行工作的环境。现代智囊团是一个相对独立的研究机构，它从客观事实出发，依据科学的论证和实验，做出符合实际的结论；它只尊重科学、服从真理，只对事实负责，对自己的研究成果负责。因此，领导者必须尊重他们工作的独立性，不干涉他们的工作，让他们通过研究得出他们自己认为是科学的结论。领导者可以下达任务，出研究课题，但不能画框框、定调子，束缚他们的手脚、思想。在我国，有一些领导者往往缺乏这方面的技巧，他们总是把自己的一些指示、意见先吩咐给智囊人员，从而给智囊人员的科学论证造成障碍。只有让智囊人员独立地进行研究工作，他们才能提出真知灼见；否则，智囊团顾左右而言它，就失去了智囊人员应有的作用。更有甚者，领导者事先拿出一个主观的结论，然后让智囊团去找事实给他作注脚，或引用"科学道理"来论证他的结论的正确性。这种自欺欺人的做法，很难使领导者做出科学的决策。总之，要充分发挥智囊团的自主作用。

在国外，有一种叫作头脑风暴法的智囊技术，这种技术，就包含着让智囊人员独立地研究、思考，独立地提出自己的观点的技巧。头脑风暴法，也称 BS 法，原来的意思是指精神病患者精神错乱时的胡言乱语，这里转用它的意思为无拘无束、自由奔放地思考问题。头脑风暴法是一种会议形式。会议在非常融洽和轻松的气氛中进行，参会者任何人的思想不受任何框框限制。主持者是非常有经验的人，他一般不发表意见，以免影响会议的自由空气。会议有4条原则：**不互相批评；自由鸣放；欢迎提出大量的方案；要求善于给别人的意见提出方案**。因此，其主要特点是互相启示。头脑风暴法的智囊技术为什么能够创造出真知灼见而被广泛地使用，原因就在于会议的发言者无拘无束，自由放任。这就启迪我们的领导者，要想让智囊人员真正发挥参谋作用，就必须放手让他们工作，不设任何条条框框。

3. 兼听百家，决断自主

智囊人员既然独立地进行调查研究工作，独立地提出自己的见解，那么，他们提出与领导者相左、甚至根本不同的意见的情况是必然的。怎样来对待智囊人员的反对意见呢？

(1) 领导者要有“兼听”的胸怀

古语说：“兼听则明，偏听则暗”。领导者对于与自己不一致的意见，应当细心倾听，认真分析，如果确有道理，那就要服从科学，服从真理，而不要怕丢面子。要知道，反对意见本身，正是决策所需要的另一种预选方案。如果只有一种意见，那么就无所谓决策了。智囊专家的意见，无论领导者采纳与否，对于决策都有其重要意义。**任何好的决策，绝不是在众口一词中得到的，相反，都是在激烈的冲突中选择、判断出来的**。相反的意见可以互相启迪，在咄咄逼人的反面意见中，领导者的思路会更加开阔。因此，高明的领导者，在没有听到不同意见之前，是不会做出任何决策的。美国前总统罗斯福被誉为最懂得运用不同意见的美国总统。每逢重大决策，他总是找他的一位助理说：“请你研究这个问题，但是请您保守机密。”然后他又找到另外几个助手，同样嘱咐他们去研究那同一个问题，而且同样地要求他们保密。这样的结果，使罗斯福搜集到各种不同的意见，他可以从各种不同的角度去看同一个问题，从而做出正确的决策。前面所提到的美国通用汽车公司总经理斯隆，在一次主持决策讨论会时说：

“诸位先生，在我看来，对于这项决策，我们大家都有了完全一致的看法。”出席会议者都纷纷点头表示同意。但是，他接着又说：“现在，我宣布会议休会，这个问题延期到我们所能听到不同意见时，再开会决策。这样，我们也许能得到对这项决策的真正了解。”通用汽车公司之所以曾是世界汽车工业之魁首，恐怕与重视不同意见的做法不无关系。可见，领导者听取智囊人员的不同意见，对于决策十分有益。

(2) 领导者又不能为智囊人员的意见所左右

领导者不要忘记自己的领导职责，也就是说，不要忘记自己是决策的主人。智囊人员不是圣人，他们的意见有正确的，也有不正确的；他们在现实社会中生活，对各种事物都有自己的看法，他们的研究有时也带有倾向性，若带着倾向性去收集资料、进行研究，就难免得出比较偏激的结论。此外，智囊专家的思想特点，一般是从理想的条件出发，严格按照科学的程序和方法，探讨和拟定理想的优化方案；但是，这些最理想的方案往往又不是切实可行的方案。因此，**领导者必须对智囊人员提出的方案进行价值判断，做出自己的决断**。智囊人员的作用只能是给领导者提供参考的决策方案，而不是代替领导者决策。一个优秀的领导者，既要善于利用“外脑”，在智囊团工作的基础上做出正确的判断和选择，同时又要有自己的头脑，牢记自己的责任。

三、善于借助咨询机构的力量

社会上独立的、为全社会服务的咨询机构也属智囊团之列。咨询机构广义地说，还包括社会上非职业化的一般能够发挥咨询作用的人员。“咨询”一词在我国春秋战国时期的一些书籍中就已经出现。所谓“咨”，就是商量的意思；所谓“询”，就是请教或考察的意思。**领导者在决策中，仅仅依靠本部门的专门的参谋机构还不够，还必须认真利用社会上的咨询机构的力量，用他们的智慧为决策服务。**

1. 委托任务，借用咨询人员的大脑

随着现代科学技术的高速发展和社会、经济活动的日益复杂化，社会上独立的为决策服务的咨询机构如雨后春笋。在西方发达资本主义国家，有数以千计的咨询公司，它们除被人们一般称之为“智囊团”外，还被称为“思想库”、“头脑企业”、“脑库”。它们总的宗旨是：运用专家们的知识、智力、经验、阅历，为领导部门提供决策的依据。美国现在约有3500家咨询公司，英国约有2000余家，日本有250余家，印度有127家。世界上享有盛誉的著名的咨询公司，有美国的兰德公司——被誉为全能性的智囊团，足智多谋的预测行家；美国企业研究所——被誉为描绘社会和经济蓝图的思想库，白宫政策的参谋部；美国斯坦福国际咨询研究所——被誉为现代咨询领域的多面手；联邦德国系统工程与技术革新研究所——被称作科研与工业的桥梁；联邦德国工程师协会——被称作中小企业的挚友；日本野村综合研究所——被誉为首屈一指的“脑库”；加拿大公共政策研究所——被誉为研究大问题的“小”机构；巴西瓦加斯基金会——被视为颇有声望的经济智囊团。

我国的咨询业起步较晚。1981年，当时的国务院领导同志在听取中国企业管理协会工作汇报时指出：“中国企业管理协会可以搞咨询公司。”此后，在国务院、国家经委的大力支持下，北京、上海、天津、河北、安徽、辽宁、吉林、黑龙江、贵州等地的咨询工作纷纷开展起来，咨询人员先后对电子、机械、仪表、轻工、纺织等行业的企业，进行了企业管理的咨询工作。现在，咨询业已成为一个行业或产业，在全国各地产生、兴起。但总的来说，我国的咨询工作起步晚，还仅仅是开始。领导者利用社会上的咨询机构的方式，主要是向咨询机构委托任务，签订合同。咨询机构根据合同的规定为领导者的决策提供服务。具体地说，咨询机构的功能主要有以下四个方面。

（1）诊断——充当领导者的“触角”

当领导者感到工作没有起色时，咨询机构就接受诊断任务，诊断问题的症结所在。**诊断是现代咨询的第一个功能，也是咨询工作的第一个环**

节。不论是为了提高一个企业的素质或提高一项工程的效益，还是解决一个复杂的社会问题，第一步的工作总是诊断其历史发展情况和现状，如同人们生病就医一样，医生总是先对患者作切脉、化验、检查等一系列的诊断工作，了解病情，然后才能对症下药。

（2）建议——充当领导者的“外脑”

当领导者苦于缺少解决问题的办法时，咨询机构就为领导者提出合理的、切实可行的建议。提出科学化的有效的建议，往往是诊断工作的继续，这如同医生看准病人的病情之后开处方治病一样。因此，**诊断和建议这两个阶段是不可分割的。**

（3）反馈——充当领导者的“听觉”

当领导者认为缺乏信息，因而决断无力时，咨询机构就把收集起来的信息反馈给领导者。反馈功能与建议功能也是不可分割的两个环节，反馈的目的是改善领导者的决策，使领导者情况分明，“拍板”正确。因此，咨询机构必须在反馈的同时提出建议，双管齐下，辅佐领导。

（4）预测——充当领导者的“眼睛”

当领导者需要了解发展趋势和前景时，咨询机构就预测未来，使领导者视野开阔，把握发展方向。领导者的决策必须建立在对未来发展趋势正确认识的基础上，因此，需要咨询机构为他作预测服务。世界著名的美国兰德公司就是一个拥有众多足智多谋、博学多才的预言家的机构，著名的预测方法——特尔斐法就是由该公司创立的。

2. 广交朋友，集中员工的智慧

广义的咨询人员不仅是咨询机构中的职业咨询专家，还包括社会中的非职业咨询专家和普通员工。领导者在决策过程中还应该向他们学习，集中他们的智慧。

毛泽东同志曾说过，群众是真正的英雄，而我们自己则往往是幼稚可笑的。这就是说，每一个领导者都要善于向群众学习，群众中往往蕴藏着无尽的智慧。很多优秀的战略决策都是群众智慧的结晶。例如，农村联产承包责任制，就是安徽凤阳县农民的创举。向群众学习，从群众中来，这是马克思主义的唯物主义的工作方法。现在有些领导者丢掉了这种工作方法。这样的领导不可能是高明的领导，他那里的工作也不可能有新的局面。

孔子曰："三人行，必有我师。"这句话，不仅说明了他有甘当群众小学生的襟怀，而且，也说明了群众中蕴藏着无尽的知识。**领导只要随时随地留心学习，那么，就可以源源不断地从群众中获得决策的智慧。**

(1) 向身边的工作人员学习

请身边的工作人员随时给自己的工作提出意见。身边的工作人员既对你的情况了如指掌，又是决策的"旁观者"。俗话说："旁观者清"。身边的工作人员往往能提出击中要害的意见。因此，领导者的周围应该有这样的人，不论在何时，他们都能坦诚地给领导者提出意见，这样的人越多越好。如果领导者的身边还有敢提其他人不敢提的意见的人，那么，这正是领导者的幸运。

(2) 善于听取员工的逆耳之言

员工对某一领导者有意见，说一些不堪入耳的话，提出一些很尖锐的批评，这说明，这位领导者的工作一定有什么缺点。如果是这样的领导，就一定要善于听取这些逆耳之言。俗话说："忠言逆耳利于行"。这些逆耳之言并非"坏话"，只要正确对待，对工作就一定会有帮助。毛泽东同志在这方面曾作过表率。在延安时期，有一次天上打雷，击死了老百姓的耕牛。老百姓发牢骚说，老天爷为什么不把毛主席打死。当时陕甘宁边区的干部得此消息后，准备对这些老百姓加以惩罚。毛主席便加以制止，他认为，老百姓骂他，一定是有原因的，可能是边区的农村政策有对老百姓不公正的地方。因此，他指示，对边区的农村政策加以检查。结果发现，征集农民的粮食过多，引起农民不满。毛主席又接着指示，减少对农民的过头的征粮，这样纠正了过去农业政策中的不当之处。我们现在的领导同志，应该很好地学习毛泽东同志这种善于从逆耳之言中吸取决策智慧的经验，及时发现工作中存在的问题。

(3) 广交各界朋友，邀请各界朋友聚会

向群众学习决策智慧的另一个重要技巧是，领导者广交各界朋友，甚至是与自己工作毫无关系的朋友。这些朋友中既有第一流的专家学者，又有思想活泼的普通人。经常邀请他们来聚会，这样可以从他们的“神聊”中听取真知卓识。美国有些大企业家经常邀请一些管理专家或其他科技专家“共进晚餐”，在用餐过程中，随便与之交谈，从与专家的谈话中受到启迪。在日本，也有这样的情况，有的经理每月邀请七八个不同行业中各类一流专家或活动家进行晚餐聚会，在晚餐上，大家对经营管理畅所欲言，至于酬金，只付给一点交通费即可。中国有句古话，叫作“听君一席话，胜读十年书”。专家们有些简短的意见，甚至是他们无意中流露出的话语，却往往会使领导者有茅塞顿开的感觉，可能会解开你一直苦思冥想未解开的难题。

总之，**向员工学习，向各界专家、朋友学习，这样，集中大家的智慧，企业经营者就会变得越来越聪明，决策就会越来越科学。**

四、借外智扬名：用人的超凡策略

“狐假虎威”是一种精明的商战策略，具有投入少、见效快、收益大的效果，甚至有起死回生之奇效。

其实，作为一种商战竞争战术，“狐假虎威”就是“拉大旗，作虎皮”，借人扬己，借他人抬高自己、发展自己。这在现代商战中屡见不鲜，而且屡用屡有效，如果你也能精于此道，事业不愁不能更上一层楼。

1. 借人扬名的方式

借人扬名术是许多精明的企业策划人和经营者在商战中常用的战术。

一般来说，借人扬名术，有以下 3 种基本方式：

第一，与名人联姻，借名人之势抬高自己，并乘机借势发展自己。

第二，利用名人，抬高自己，发展自己，如借“杨贵妃”之名而来的“贵妃酒”，借“曹操”之名而来的“杜康酒”，借“关羽”之名而来的“关帝酒”等等，再如借名人的诗词、题词、居住地而来的汾酒、孔府家酒等。

第三，巧借名人之势，“坐享其成”而借梯上楼。

这种技巧的关键在“巧”。这表现在广播电视里、报刊路牌上，经常听到、看到名人做广告的广告词和做广告的形象。或情真意切或情意绵绵充满诱惑力的广告词，使广大消费者有了极深的印象，调动起了广大消费者购买的欲望。

值得指出的是，借人扬名之术，在策划中或实际运用中要注意把握好以下 3 点，否则很容易弄巧成拙：

- 遵守有关知识产权、商标及广告法规，防止侵犯名人的合法权益；
- 注意策划技巧和消费者的心理接受度；
- 注重创新。

总之，借的学问深着呢，就看企业经营者怎么钻研；借的文章大着呢，就看企业策划人怎样去做。只有大手笔，方能写出高水平的大文章，写出精彩的好文章。

2. 善借名人之手达到目的

美国著名的心理学家卡尔·霍夫兰和沃尔特·韦斯，对权威人物的作用曾进行过心理实验。1951 年，世界上还没有制造出核潜艇，当时绝大多数美国人都认为核潜艇不可能问世。霍夫兰和韦斯在实验中，首先向被测试的 A、B 两组展示同一种观点：可以建造核潜艇。然后，他们告诉被测试的 A 组：这一观点是美国著名原子能专家奥本海默提出的；而对被测试的 B 组则说：这种观点是苏联《真理报》提出的。测试的结果是：A 组大多数人改变了原先“认为核潜艇不可能问世”的观点，认为制造核潜艇是可行的；而 B 组则很少有人改变原观点。A 组改变观点的人数是 B 组的 4 倍。

研究者认为：当代社会科学技术迅猛发展，科学知识的领域已十分广阔，依靠个人的智力已不可能独立地通晓一切知识领域。而人们的求知欲又十分强烈，这就必然形成对各领域专家、权威的崇拜心理。这些权威人物的发言自然比一般人有力得多，更容易使人们信服。B 组之所以很少有人改变原观点，这主要是由于苏联《真理报》在美国没有权威的缘故。

从这个心理实验可以看出，名人效应有着深厚的社会基础。即使是当代国家首脑，也很注重与社会名流的交往，以此抬高自己的声望，扩大自己的影响力和感召力。美国富豪亚蒙·哈默回忆他和苏共总书记赫鲁晓夫的交往时说：1929 年，赫鲁晓夫是以共产党低级情报人员的身份到莫斯科的，他生平最大的遗憾是从未见过他所崇拜的列宁。1961 年，我访问莫斯科时，赫鲁晓夫在克里姆林宫接见了我。我同列宁有过联系，在他眼里就成了重要的历史人物。因此，他在我同他的合影上亲笔签字并题词："给亚蒙·哈默先生——第一个和列宁交换过意见，持有特许权的外国人——尼·赫鲁晓夫。"

借助名人达到目的，政界如此，商界尤盛。例如，制造力士牌香皂的厂商高价聘用国际著名影星娜塔莎·金丝姬做广告，金丝姬对广大电视观众说："我只用力士牌"；南方制药厂研制了新药三九胃泰，为了打开销路，请著名话剧表演艺术家李默然为其做广告，这些广告大大地提高了这些产品的知名度。

我国化工进出口公司会同上海医药工业公司研制的上药牌 920 营养发水，对脱发有特殊疗效。原联邦德国总理施密特在任时，爱用此药。一次，施密特在去美国同里根总统会谈途中，随行记者发现他的手提文件包内放置了 4 瓶上药牌 920 营养发水。这位记者把自己发现的秘密作了报道。中国方面也抓住机会，借题发挥，大做文章，并以此事为例大做广告宣传，立即在国际上掀起了一股中国 920 营养发水热，它被誉为"中国神水"。此后，中国 920 营养发水的年出口量大幅度上升。

3. 将名人效应引入企划策略

创名牌企业，创名牌产品，是企业经营者的夙愿。打出一张"名牌"，即可雄踞一类市场，兴盛一个企业，繁荣一方经济，恰如"一石激起千层浪"，乃发展壮大企业事半功倍的重要举措。

名牌企业、名牌产品之所以能叱咤市场，固然在于它的高质量、高档次、高品位，但亦需行之有效的高水平企划谋略，而其谋略之一，便是借助和发挥"名人效应"。

利用"名人效应"，重金聘请"名人"做广告，创造名牌产品，树立企业形象，提高企业与品牌知名度，已成为包括广告策划、公关策划、营销策划在内的企业策划的重要手段、重要形式、有效方法，已是商家通晓的一种经商“定理”。由于“名人效应”的确可以迅速、极大地提高企业形象、品牌形象和知名度，因此，不惜重金聘请“名人”做广告，借“名人”之名宣扬企业、宣扬产品，成了当今最时髦的企划方略，在商战中也可谓魔高一尺的妙招。

然而，这里所要论述的企划思想、企划方略，不是花费重金“聘请名人”做广告，而是不花钱或少花钱“利用名人”做广告。

从投入与效果相统一的原则来说，不花钱或少花钱“利用名人”做广告比起花费重金“聘请名人”做广告，要经济划算得多。可见，“利用名人”做广告比起“聘请名人”做广告而言，才是真正意义上的企业软科学策划，才是大手笔、高水平的企业策划，才是道高一丈的奇招、高招，也才是企业策划者和企业经营者所应研究、追求的最佳企划策略。

“利用名人”营造“名人效应”的关键，在于“利用”两个字，就是在不花钱或少花钱的前提下，让“名人”在知道不知道、自觉不自觉、情愿不情愿、有意无意中为你的企业扬名，替你的产品立名。

策划“利用名人”营造“名人效应”树形象、创名牌，没有什么特殊的技巧，也并不神秘，同所有企划一样，完全是知识、智慧、创造力与情感在谋略上的集中体现。下面提出几种“利用名人”营造“名人效应”的思路，以启迪企业经营者和企业策划人结合自己的实际，创造更加杰出的企划策略。

(1) 让名人用你的产品

1964年，日本洛腾口香糖公司由于销售疲软，正处在举步维艰的境地。

就在那一年，因曾演佐罗而风靡全球的法国电影明星阿兰·德隆将要首访日本。

洛腾公司经理辛洛浩捕捉到这一信息，立即派人八方“攻关”，邀请阿兰·德隆来厂参观。

终于，功夫不负有心人，阿兰·德隆决定前来。

在阿兰·德隆参观时，辛洛浩又精心安排，数名怀揣微型录音机的职员热情地不离阿兰·德隆左右，同时还邀请了录像师从各个角度录像。

阿兰·德隆在车间里，尝了1个巧克力口香糖，随口说了一句："我没有想到日本也有这么棒的巧克力……"

这出于客气的一句话，真让辛洛浩心花怒放。

就从当天晚上开始，电视上天天都出现了这样的广告：

阿兰·德隆面带微笑地尝了一小块巧克力口香糖，边嚼边说："我没有想到日本也有这么棒的巧克力……"

这则广告立即吸引了日本数以万计的阿兰·德隆迷，随后又吸引了全日本的民众，大家都以大嚼倍受阿兰·德隆称赞的口香糖为荣。

不多久，所有商店的洛腾口香糖就被一抢而空，连堆积已久的库存也被清光。

在这里，虽然洛腾公司巧做了广告，但是也不得不承认阿兰·德隆现身说法的威力之大。

日本东洋雪衣由于库存多，厂方为销路呆滞而感困扰，于是决定以流行方式来推销。刚好传闻美国明星东尼·泰勒将赴日，泰勒曾主演过影片《黑色闪电》，所以对他的印象定位为黑色，而制作适合他的雪衣，准备在他赴日时让他穿。厂方就这样展开了如下广告计划。

a. 在两个月内，不断地在杂志、周刊上分别刊登"泰勒的黑色是今年的时尚"为主题的广告。

b. 泰勒赴日后，以"泰勒来了""泰勒穿的雪衣"为标题，刊登报纸广告。

c. 招待记者摄影，把穿上"黑色雪衣"的泰勒照片大肆刊登于杂志、周刊上，掀起泰勒热潮。

d. 张贴照片之前，也向百货店、零售商送照片。

e. 在全国61家百货店使用与泰勒一样高大的照片，开始大肆宣传推销。

……

结果，泰勒的现身说法起到了作用，头一年只卖七八十件的雪衣，翌年竟卖了4万件，雪褥也卖了1万条。

在同年冬天，继续推出"上下同色滑雪衣"的广告，这是针对头一年买了黑色雪衣的人，今年必定有买黑色雪裤的欲望，从而使雪裤也销量大增，达到了预定目的。

在这个事例中，广告计划就是紧紧抓住泰勒，想方设法扩大宣传，最终获得了成功。

(2) 请名人加盟你的企业

企业希望依托名人宣传企业和产品，名人也常常希望借助企业的实力来发展自己的事业或实现某种心愿，**企业与名人的互相依存、相互需求，为企业营造“名人效应”创造了条件。**企业策划可以抓住这种机遇，拉名人“入伙”；还可以借名人的故乡情谊，邀名人“加盟”，一旦拉进来或请进来了名人，无异于请来了一尊“财神”，新闻、广告效应自不待说。

(3) 让名人为你设计产品

让名人做你的设计师，为你免费设计畅销的新产品，这不是开玩笑；只要你多动脑筋，精心策划，这并不难做到。

名人的衣着服饰，甚至生活用品，都是其崇拜者追求仿效的东西。一部由明星主演的精彩电影或电视剧上映后，明星的服饰、用品都可以成为“名人”为你设计的产品，只要把握好时机，仿制出来就一定是畅销的新产品。这样一来，名人不就成了你免费的产品设计师了吗?

英国的一些服装公司就这样长年“聘请”已故的黛安娜王妃做企业的免费服装设计师，设计出了十分畅销的“王妃”服，赚取了巨额利润。英国王妃黛安娜的生活十分奢华，尤其是在穿戴打扮上花费极大。有家服装公司捷足先登，按照“黛安娜的设计”，立即制作了几种款式的“王妃服”投放市场，广告一登，即刻畅销。黛安娜穿过一种羊毛衣，胸前织有一只可爱的小山羊，于是这种毛衣款式一上市便风靡一时，厂商的销售总额达到100多万美元。黛安娜穿过一种平跟皮鞋，一家公司依样仿制投放市场，女士们争相购买，销量很大。黛安娜用的手袋包，小巧玲珑、新颖美观，一家厂商立刻仿制推出，一面市便备受女士小姐们的喜爱而供不应求。因此，英国人说：黛安娜王妃在公开场合的露面无异于“时装表演”和“新潮服装展示”。这种“表演”的广告效果之佳，连英国最大、最著名的广告公司麦卡恩·埃里克森公司也望尘莫及。

(4) 借名人做你的广告模特

花钱请名人当模特做广告，一点都不稀奇；耗费巨资让名人为企业为产品一笑，也已司空见惯；**稀奇的是不花一分钱，“巧借”名人“当模特”做广告。**

如何不花钱而“巧借”名人当模特做广告，下述这例上乘企划，可供策划人和经营者借鉴：

克林顿当选美国总统后，日本几家主要电视台在每晚黄金时间连续播出了两个月的克林顿总统当模特替日本富士胶片公司做的广告，引起极大轰动。

这则电视广告共30秒时间，克林顿无言地以不同时期的形象出现在富士胶片广告的背景里——少年时代的克林顿与肯尼迪在一起；青年时代工作时的克林顿；竞选演说时的克林顿；入主白宫后审阅文件时的克林顿。另外，只有“画龙点睛”的字幕和一句旁白——“走向成功的历史记录”。

原来，并非是富士公司真的请来美国总统克林顿当模特做广告，而是选用了几幅克林顿在不同时期的照片，巧妙地将克林顿“借”来当了一回富士公司的广告模特。一句“走向成功的历史记录”为标题的广告，设计之精妙，让美国总统虽不痛快，但无话可说，只得硬着头皮替富士公司当模特做广告，推销产品。